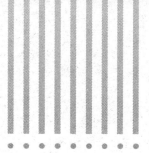

第三方认证信用的
品牌经济研究

The Brand-economy Study on
the Credit of Third-party Authentications

于永娟 著

中国财经出版传媒集团

经济科学出版社
Economic Science Press

图书在版编目（CIP）数据

第三方认证信用的品牌经济研究/于永娟著 .
—北京：经济科学出版社，2018.6
ISBN 978 - 7 - 5141 - 9532 - 3

Ⅰ.①第…　Ⅱ.①于…　Ⅲ.①认证机构 - 企业
信用 - 品牌战略 - 研究 - 中国　Ⅳ.①F279.23

中国版本图书馆 CIP 数据核字（2018）第 158281 号

责任编辑：王　娟　张立莉
责任校对：杨晓莹
责任印制：邱　天

第三方认证信用的品牌经济研究
于永娟　著
经济科学出版社出版、发行　新华书店经销
社址：北京市海淀区阜成路甲 28 号　邮编：100142
总编部电话：010 - 88191217　发行部电话：010 - 88191522
网址：www. esp. com. cn
电子邮件：esp@ esp. com. cn
天猫网店：经济科学出版社旗舰店
网址：http：//jjkxcbs. tmall. com
北京财经印刷厂印装
710 × 1000　16 开　9.75 印张　200000 字
2018 年 11 月第 1 版　2018 年 11 月第 1 次印刷
ISBN 978 - 7 - 5141 - 9532 - 3　定价：49.00 元
（图书出现印装问题，本社负责调换。电话：010 - 88191510）
（版权所有　侵权必究　打击盗版　举报热线：010 - 88191661
QQ：2242791300　营销中心电话：010 - 88191537
电子邮箱：dbts@ esp. com. cn）

重庆市教委社科规划项目"乡村振兴下重庆市特色农业品牌化路径研究"，项目编号：18SKGH137

重庆市教委人文社科项目"乡村振兴战略下三峡库区农业需求侧诉求与供给侧创新研究"，项目编号：18SKSJ059

本书系长江师范学院应用经济学重点学科资助系列成果之一

前　言

在信息不对称的大背景下，品牌的意义在于能够提供一个有效信号，让市场信息尽量充分和对称，节约消费者的选择成本，从而促进市场交易的顺利进行。于是品牌成为众多优质企业的战略选择。信息不对称使得信用危机普遍存在，消费者需要的某些信息恰恰是一些企业想方设法所隐瞒的。消费者吃一堑长一智的消费经验使得某些生产者与消费者之间存在严重的信任危机，生产者说的话消费者未必信，同时生产者说的话消费者也未必懂。信息不对称问题对品牌信用的构建产生了极大的影响。对于企业来说，仅凭买卖双方的诚信是远远不够的，充分利用权威的、可信赖的、公正的第三方认证来提高企业的内在素质和外在的可信度，从而提高品牌信用度，是一个能使企业档次快速提升、让产品打开销路甚至打入国际市场的好办法。对消费者来说，信息不对称加大了消费者的选择成本，降低了其选择效率，消费者亟须某个信号或者符号作为选择的依据。

认证认可起源于降低信息不对称，从而促进市场交易顺利进行的需要。通过信用转移机制，我们得知消费者会因为信任某个符号或信号而相信某个品牌，所以说公正、权威的第三方认证的最大贡献亦在于提供了提高品牌信用的这样一种有效信号，降低了选择成本和提高了资源配置的效率，第三方认证成为企业品牌信用的重要组成部分。具体来说，第三方认证可以从源头上规范生产流程、提高产品质量、确保产品安全，从而有利于保护消费者的健康和安全、增强企业的核心竞争力、规范市场秩序、加速商品流通、促进贸易发展、保障社会协调发展和信用体系的良性循环、维护国家利益。第三方认证属于品牌建设的一个非常重要的环节，从而品牌经济学研究第三方认证也就成为了必要。

随着我国市场经济的发展和世界经济全球化步伐的加快，第三方认证是必不可少的制度安排。然而第三方认证在提供信号甄别机制和信号显示机制减轻信息不对称的同时，自身也存在着严重的信息不对称，如果第三方认证不能提供独立公允的鉴证，就会提供错误的信号误导消费者、扰乱市场秩序、扭曲社会资源配置，所以说这样的认证不仅仅是无效的，它还是有害的。

有效的第三方认证才有其存在的必要，认证信用是认证的生命力所在，但是信用度普遍不高是目前我国第三方认证面临的主要矛盾和问题。我国第三方认证事业虽然具有了较快的发展，但是认证质量却让人担忧，认证的信用问题已危及我国认证认可事业的长远发展。政企不分、监管不灵、认证机构的连带责任落实难以到位、制度漏洞、虚假认证、认证机构之间的恶性竞争、认证审核人员素质参差不齐等问题或多或少地存在着，这些问题影响了认证的信用和认证行业的整体形象和信誉度。这种整体形象和信誉度的下降也为个别企业无视认证的严肃性和权威性，甚至不经过认证就直接盗用认证标志的行为埋下了隐患。

另外，我们还利用有限样本调查数据和深度访谈案例对消费者面对第三方认证的相关态度和行为进行了深入分析，着重探讨了消费者对我国有机食品认证的认知、态度和支付意愿。在我国第三方认证已经渗透到经济生活的方方面面，第三方认证产品覆盖率极高的今天，本书的调查数据显示，消费者对以有机食品认证为代表的第三方认证的认知度仍然较低，对我国第三方认证的认可程度不高，对我国第三方认证的支付意愿也很低。调查结果还显示，认知程度与态度评价呈显著正相关，表明消费者对有机食品和第三方认证的了解水平越高，就会对有机食品和第三方认证有越多积极性的评价；认知程度与支付意愿亦呈显著正相关，表明消费者对有机食品和第三方认证的了解水平越高，购买意愿越强烈。这也就意味着若要提高消费者对有机食品和第三方认证的态度评价和支付意愿，加强消费者对第三方认证的正确认识是关键，除加强认证宣传力度和认证知识的普及力度以外，第三方认证树立正确的品牌形象、提高品牌信用则是根本出路。

无信用的第三方认证不仅无任何存在的价值，还会造成极大的社会危害。首先，这些不真实的信号或者符号会误导消费者，不仅不会降低消费者的选择成本，还会对消费者的选择造成错误暗示和困扰，甚至会给消费者造成巨大的经济损失和严重的身心伤害。其次，无信用的认证会造成我国企业核心竞争力的丧失、我国政府公信力受损和我们整个信用体系的坍塌，造成社会资源配置的扭曲和大量资源的浪费，所以，第三方认证信用的问题必须要加以解决。目前，我国第三方认证普遍不足的信用已经使第三方认证不能适应当前认证市场的发展，不适应国际贸易交流的认证规则。由此，如何提高第三方认证的信用迫在眉睫。

本书基于信息不对称的大背景下，用品牌经济学的分析框架，将认证信用置于分析的中心，深入剖析认证在什么条件下才是有效的。信用指的是对承诺的实现，信用包含的要素有：谁发出的承诺、就何种产品服务或过程发出的承诺、承诺了什么、如何保证该承诺得以实现，在此基础上，我们提出了第三方认证的乘数信用模型，从认证机构、认证标准、认证对象三个方面来分析认证本身的信用如何实现。而信息不对称也普遍存在于认证行业中，所以，第三方认证的信用除了认证本身的信用得到保证外，这种承诺的实现还必须具备有效的监督，还要有代表百姓和消费者的传播媒体的监督和认可。认证本身有信用并且得到媒体的认可，这样的第三方认证才是有信用的、可靠的，这样的第三方认证才能真正转化成一种品牌符号。

本书认为解决我国认证行业的"乱象"，应从多方面着手。

（1）通过政企分开，实现有效监管。作为认证主体的认证机构，必须要有其独立的法律地位，不偏不倚地开展认证工作，不能与行政机关有太多瓜葛。只有政企分开，认证机构才能进行规范认证；只有加强认证监督机构的独立性，才能创造公平监管的环境，才能提高认证监督机构的监督信用。

（2）通过确定连带责任，提高第三方认证的风险。具体措施有：制定和完善第三方认证连带责任的法律规定；提高对不规范认证机构和人员的惩罚力度；信息公开，设立赔偿基金制度；提高第三方认证机构的退出成本。

（3）通过技术进步，保证认证标准和检测手段的科学性。

（4）延长认证机构经营期限有利于认证机构责任承担和品牌建立；建议改革认证机构收费制度，打破原有整齐划一的简单收费制度，建立符合市场经济发展规律的科学有效的收费制度，对于提高第三方认证的有效性至关重要。

（5）通过传播媒体监督和外部监督，提高第三方认证的有效性，外部监督有社会监督和行业协会监督。

（6）通过确立第三方认证的发展方向，引导经济发展。拓展认证及相关机构的业务范围，促进机构壮大，力争形成结构合理的认证行业组织结构，培育几个具有较强国际竞争力的知名认证机构，能够充分发挥认证机构的市场引导作用，独立、客观、公正，形成具有较高国际声誉和权威性的国家认可机构。

（7）通过开展国际认证和国际合作，加快促进第三方认证的品牌建设。我们要积极和国际认证互动，通过国际互认，提高我们的认证水平，在此基础上，建立我们国家的第三方认证品牌，通过第三方认证来实现我们的国际话语权。

能够最大程度地降低消费者的选择成本和市场交易成本的第三方认证，才是有品牌信用的第三方认证。第三方认证要由最初的"信号"功能发展为一种品牌"符号"，只有当这种"符号"成为消费者不假思索的选择依据并且实现了购买该"符号"产品的风险降到最低，该第三方认证的品牌信用才真正建立起来。

目　　录

第 1 章

导　言

1.1　问题的提出

　　"有机"是国际公认的等级高、安全性好的食品标准。人们对于有机食品越来越熟悉，所以，在超市里，虽然有机食品的价格是普通商品的几倍，甚至几十倍，但是，依然有越来越多的消费者还是会选购有机食品，他们觉得"这个钱花得值"，"有机"代表着更健康、更安全。但央视《焦点访谈》曾播出《以假充真"有机菜"》，让人们知道自己花了冤枉钱，消费者支付了"有机"的价格买回的却只是普通的蔬菜。记者在调查中也发现，这些既用农药也用化肥的"有机"蔬菜种植基地不仅有国内的多家认证，还有欧盟、日本、美国等多家权威机构的认证。消费者因为相信"有机"等的相关认证，自愿高价购买，而事实证明认证环节确实是有问题的，那么我们除了关心认证中为什么会存在这些问题外，还应该关心这些问题背后的原因是什么？这些"上当受骗"的消费者的权益该如何保障？作为影响消费者选择行为的第三方认证机构在类似事件中应该担当什么样的角色和承担何种责任？第三方认证的信用应该如何提高和保证？

专栏 1 – 1

"有机"标签有多少是真的

　　核心提示：有机产品的有机认证给了我们一个安全通道，贴上这个标识，就等于生产中不采用转基因、不使用化学合成的农药、化肥、饲料添加剂等物质。

"购买有机食品要看清标识",想必这样的消费提醒我们确实听过不少。

从农田到餐桌,一碗米、一盘菜到底经历了什么,普通消费者往往无从得知。

有机产品的有机认证给了我们一个安全通道,贴上这个标识,就等于生产中不采用转基因、不使用化学合成的农药、化肥、饲料添加剂等物质。

然而,记者近日在淘宝网上发现,看起来高大上的一个有机标识,消费者想要做多少都可以满足。

淘宝网上的有机食品标识随便做。

在淘宝网上,用关键字"有机/绿色食品标识(贴纸)"进行搜索,很轻易就能找到制作的店家。一个标识价格在0.2~0.5元,100个起做。不少店家还都标注着"不限规格,不限数量,当天发货",可以说服务非常细心周到。

记者选取了其中一家销量、好评度颇高的店铺进行了询问。页面显示,这家店铺的月销量就高达5000多单,可见市场需求之大。

在和卖家的对话过程中,记者问是否需要提供相关的认证结果,卖家直接回复不用,只要产品需要就可以随便贴。并且还贴心地提示记者"有机"比"绿色"还要更好一些。

在交流的过程中,记者提出可不可以提供有机码时,对方虽然称没有,但是,如果记者能够提供样板,就可以印出来。

下单的过程也十分顺畅,记者购买了100贴有机认证标识,仅花费了20多元。相对于高昂的正规认证费用,造假成本之低,让人汗颜。

不只是明面上宣传可做"有机食品"标识,记者在淘宝上还联系了几家做标签的卖家,得到的答复均是:"只要你能提供图样,我就能做",价格更便宜,不到1角钱一个。

"有机"两个字不能随便叫。

按照国家有关规定,"有机"两个字不能随便出现在产品包装上。长期从事有机农产品销售的广州丰巢商贸有限公司CEO董学锋向记者介绍,自2014年,新版《有机产品认证管理办法》正式实施后,正规大型商超、电商等销售平台的农产品都很难再看到"有机"字样了,"只有获得国家有机认证的产品,才能说'我卖的是有机食品'"。当然在一些蔬菜、水果小摊贩处,我们还是会发现不少不合规的情况。

记者在广州市番禺区一家水果批发市场就看到,好几个摊位售卖所谓的"有机苹果""有机木瓜",当记者询问经过有机认证了吗?并要求看一下有机验证的相关证件时，摊主却说："你看到那标签不就是吗？"

根据国家质检总局《有机产品认证管理办法》，未获得有机产品认证的产品，不得在产品标签上标注"有机"等字样、"ORGANIC"等字样及可能误导公众认为该产品为有机产品的文字表述和图案。

2017 年，国家食药监总局发布的《食品安全欺诈行为查处办法（征求意见稿）》，对食品生产经营行为欺诈、标签说明书欺诈、食品宣传欺诈等违规行为进行规定。重点列明了虚假的"有机食品""绿色食品"等欺诈行为的处理办法。虚假标注无公害食品、有机食品、绿色食品等，同样可对其法定代表人、主管人员等处以 1 万元至 3 万元罚款。

认证超期、假冒、缺失标识乱象突出。

其实，我们看到的有机认证标识乱象并非个别现象。国家认证认可监督管理委员会于 2014 年曾对有机产品进行认证的真实性检查，发现流通领域违规使用认证标识的现象突出，认证真实性不符合率达 5.8%。其中，50% 是因为认证证书的超期使用，28.6% 涉嫌有机码的缺失，14.3% 涉嫌假冒有机码，7.1% 未按规定使用认证标识。

广州医科大学附属第二医院营养科副主任邓宇虹介绍，这些情况在生产环节也会出现，如认证书过期，我们现行的有机认证是一年一检，有些生产者没有持续年检的情况还给产品贴上了有机标签；再如某一生产者有 500 亩地，按照蔬菜的有机认证是要一个个品种来进行认证的，产量大的茄子通过了有机认证，而种植量少的芹菜没有申请有机认证，但也被贴上"有机标签"去售卖等。

近期，中国食品农产品认证信息系统发出提醒，深圳华润万佳超级市场有限公司好来分店销售的标称武汉美斯通工贸发展有限公司代理的 Holle 有机婴幼儿斯佩尔特小麦谷物粉、Holle 有机婴幼儿粗粒小麦谷物粉（原产国：德国），有机认证证书已于 2017 年 9 月 6 日过期失效，但市面上销售的产品包装仍以"有机"形象出现。

资料来源：李劼：《"有机"的标签有多少是真的》，载《南方日报》，2018 年 3 月 30 日。

1.1.1　有机食品认证与第三方认证信用

有机食品一直以价格高昂出现在人们的视野，它给人一种"更健康、更放心"的感觉。这确实也符合了人们对食品安全日益注重的需求，讲究"无污染"

"纯天然"的需求,自然高价格也能被消费者所接受。

我们在电商平台上输入"有机食品"进行搜索,发现有机食品涵盖了"有机大米""有机红枣""有机薯类""有机葡萄干""有机牛奶""有机粗粮""有机干果"等。一家名为"太行生态美食园"店铺里的太谷壶瓶有机枣 1688 克售价为 168 元;"开心农场有机庄园"里销售的有机油菜 500 克售价为 11.8 元;"雅科有机农庄"店里的新鲜有机蔬菜紫甘蓝 500 克售价为 15 元;"千城有机生活馆"里的"寒稻夫有机胚芽糙米"500 克售价为 18.75 元;价格都要高于普通的同类食品几倍。

那么,有机食品到底是什么样的食品呢?有机食品是在生产过程中不掺加任何的人工农药、饲料添加剂、生长调节剂和人工合成肥料等的可持续发展的农作物,它强调整个生产过程是按照有机农业的步骤进行的,有机食品是可以加强生物多样性和生产的良性循环的有机农业生产体系。有机食品的认证机构通过有机食品的标准来证明该生产加工销售等环节都符合有机食品的标准。也就是说,有机食品需要认证机构的质量控制和审查,只有通过了第三方认证的标准,贴上"有机食品"这个标签才是真正的有机食品。按照 2005 年由中国国家标准化管理委员会制定的《有机食品国家标准》,在种植有机食品的过程中,与有机食品生长有关的土地、大气、水环境、选种、施用肥料、除虫方式等因素都必须遵循严格的规定。认证标准规定的有机食品的认证范围包括种植、养殖和加工的全过程,也就是说,真正的有机食品都是由经过具有资质的认证机构认证的。

认证的本意是某机构按照某种标准出具一种证明文件的证明行为。根据 ISO/IEC 指南的 1986 年对"认证"的定义是:"由可以充分信任的第三方证实某一经鉴定的产品或服务符合特定标准或规范性文件的活动。"要达到充分信任,这就要求第三方的认证活动必须独立于第一方和第二方,认证活动必须是公开、公正、公平、科学的,认证机构必须绝对的独立和权威,与第一方、第二方没有经济上的利害关系。能够担任第三方的认证机构必须是经过注册并得到认可的具有独立法人地位、能够对其经济行为负责任的组织机构。为了防止农药、化肥等化学物质对环境的污染和破坏,也为了促进食品安全和保障人体健康,由通过国家认监委认可的有机食品认证机构依据认证标准(如有机食品认证技术准则、有机农业生产技术操作规程)对申请的农产品及其加工产品的实施规定程序的系统进行评估,只有经过系统评估认为符合有机食品认证技术准则和有机农业生产技术操作规程,才能颁发证书。理论上讲,通过认证机构的权威认证,相信它的"安全系数更高一些""更健康更天然",即使有机食品的价格有些高甚至不是一般的高,消费者也会去选择,这种行为是合情合理的。认证机构在市场交易中的本质作用就是一种信用担保,承诺该食品"无污染、纯天然"。但在我们的现实生活中有机食品的称号与质量本身有多大关系呢？近期媒体不断曝出，社会上花费一些钱便可以得到有机食品的认证标志，花钱买认证、咨询机构担保 100% 通过认证、甚至有些食品不经过认证就可以直接加贴"有机食品"的标签等不规范甚至违法的行为都有了可"活动"的空间。

最初生产商为了得到认证机构的认证，往往是在小区域内，生产经过严格规定的程序控制的产品，而一旦获得了认证机构的认证，就开始对普通产品进行包装、贴上有机产品的认证标签，而其普通产品的成本远远低于真正的有机食品的生产，这就是典型的持着有机食品的身份在造假。更为严重的是对于许多的认证机构来说，只要花几万块钱，就能得到有机食品的认证。社会上出现了一些认证机构或者中介公司，专门去帮人搞定认证申请、文件审核、实地检查等认证的全流程，来帮助企业获得认证。有些认证机构和中介公司，甚至在利益的驱使下主动找到生产加工企业，让他们花钱购买有机食品认证。一直到后来很多普通食品干脆直接冒充有机产品，没有经过任何的认证手续，只是在外包装上打上"有机食品"的字样。而众多商家采用"冒充"，是由于有机食品的价格极高，但是生产过程和制造工艺复杂、动用人员多、产量低、周期长，可见有机食品的生产成本是较高的，且数量不会太多，而且消费者分辨真正的有机食品的能力和经验是有限的。这也说明了认证机构的活动不够规范和维权的意识不强。为什么认证机构的维权意识不强呢，是否由于认证机构存在一定程度的认证环节不规范，导致了认证行业的诚信度下降，花钱就可以买到认证证书已成为行业潜规则，这也为部分企业不花钱买认证来直接冒用认证标签等的行为埋下了隐患。

此类事件并非偶然，如我们国家的免检产品事件。免检本来指的是某种产品因为较长时期符合某种规定或条件，取得了消费者的信任，从而免于政府部门的监督检查。对于某一类产品，经过权威验证机构分阶段、分时间的多次检验，各类标准都已经达到了认证标准或者超过标准，于是便被认为产品质量是安全可靠、可放心使用的。从此以后，该企业的产品就可以不再需要经过检测，直接上市。

免检产品的标准是要达到或高于国家标准要求，产品经省级以上的质量技术监督部门连续 3 次以上监督检查均为合格，产品符合国家有关法律法规和国家产业政策。免检产品一般意味着该产品的质量长期稳定，企业有完善的质量保证体系，市场占有率高，经济效益在本行业内排名前列。自获得国家认证的产品，在产品免检之日起的 3 年内，可以免除在全国范围内生产流通各领域的、各形式的产品质量监督检查。这样一项政策本来是给企业带来很大便利的，可以理解为是对优质企业提供了一条绿色通道，消费者一看到"免检"字样也会打消顾虑、放心购买，所以，一个企业拿到"免检产品"的称号相当于拿到了绿色通行证，"免检"本身就成为一种权威的认证。但是，免检制度实行了多年之后的结果就是诸多企业举着"免检"的牌子大行其道地生产劣质甚至是有毒产品。

以三鹿为代表的三聚氰胺事件发生后，2008 年 9 月 18 日，国家质检总局以公告形式宣布废止《产品免于质量监督检查管理办法》。2008 年 10 月 23 日，国家工商总局发出通知，即日起所有产品在广告中都不允许出现"国家免检产品"等涉及质量免检的内容。但是，这个撤销的代价是什么？是一些企业以"免检产品"为幌子为非作歹给众多消费者带来了巨大的经济损失和严重的身心伤害、是我国企业国际竞争力的丧失、是我国政府公信力的受损和我们整个信用体系被质疑。

1.1.2　三鹿奶粉事件与认证标准、认证指标和检测手段问题

除了多年拥有"免检产品"的绿色通行证外，石家庄三鹿集团还是连续 6 年入选中国企业 500 强、中国食品工业百强、农业产业化国家重点龙头企业，还是河北省、石家庄市重点支持的企业集团，拥有全国"五一"劳动奖状、全国先进基层党组织、全国轻工业十佳企业、全国质量管理先进企业、科技创新型星火龙头企业、中国食品工业优秀企业、中国优秀诚信企业等省以上荣誉称号 200 余项。三鹿奶粉、液态奶都是国家免检产品，并且都获得了"中国名牌产品"的荣誉称号。2005 年 8 月，"三鹿"品牌被世界品牌实验室评为中国 500 个最具价值品牌之一，2007 年被商务部评为最具市场竞争力品牌。"三鹿"商标被认定为"中国驰名商标"，产品畅销全国 31 个省、市、自治区。2006 年位居国际知名杂志《福布斯》评选的"中国顶尖企业百强"乳品行业第一位。经中国品牌资产评价中心评定，三鹿品牌价值达 149.07 亿元。三鹿集团通过了 ISO9001、ISO14001 认证、GMP 审核和 HACCP 认证，获得国家实验室认可证书、国家认定企业技术中心称号。"新一代婴幼儿配方奶粉研究及其配套技术的创新与集成项目"获得了由国务院颁发的 2007 年度国家科学技术进步奖。[①]

根据调查显示，三鹿集团在其发展壮大的过程中，经过国家认证，获得了很多各种各样的经过国家机构认证的证书。这些证书包括：2005 年 6 月中奶协（北京）认证中心有限公司颁发的食品质量安全体系认证证书；1998 年方圆标志认证集团有限公司颁发的环境管理体系认证证书及质量管理体系认证；中国绿色食品发展中心颁发的多个系列产品的绿色食品认证证书。三鹿集团及其各子公司共计获得了 40 多项产品的国家 QS 许可。此外，三鹿集团还获得了国家认可的实验室资格。在三鹿集团被曝光三聚氰胺事故的初期，三鹿集团就是以这些证书作为其高调对外宣传的工具，甚至在 2008 年 7 月中旬，甘肃省卫生厅将三鹿事件

---

① 连玉明、武建忠等：《三鹿悲"聚"》，中国时代经济科学出版社 2009 年版。

向有关国家部门报告时，三鹿集团依然还是拿着这些认证证书来为自己辩护。国家认证认可监督管理部门直到 2008 年 9 月 17 日才通知各相关认证机构，根据相关的程序，撤销其相关的认证证书，这些认证证书才被撤销。这就说明诸多认证机构是不主动作为的。

如今，认证证书已经成为企业的"保护伞"，不管是三鹿的三聚氰胺事件还是双汇的瘦肉精事件，在这些食品安全和产品质量的事故中，这些企业都具有来自国家的检测机构的认证证书，都处在国家免检行列。不管是当初的苏丹红事件，还是近日肯德基的全家桶事件，都无不闪现着国家官方认证机构和认证标准的影子。

除了认证机构的不作为，我们还得关注这样一个事实，为什么三鹿奶粉中的三聚氰胺检测不出来呢？这无疑给我们敲响了一个警钟，有效的第三方认证需要科学的认证标准、有效科学的检测指标和检测手段。我们把蛋白质的含量确定为监测指标来监测产品是不合理的，为了提高产品中蛋白质的含量来达到指标，产品中就添加了三聚氰胺等有害物质，三鹿奶粉事件之前监测产品的蛋白质含量，就是依靠监测氮的含量是否合格，于是奶农们向鲜奶中添加了三聚氰胺来增加氮的含量从而达到指标。三鹿奶粉事件之后，拉曼光谱法、ELISA 试剂盒法等方法被用于检测奶粉中的三聚氰胺。但是，根据媒体报道，在不法奶商向鲜奶中添加三聚氰胺之前，他们曾经向鲜奶中添加更加便宜的尿素来增加鲜奶中氮的含量，实在令人发指。

看到这些触目惊心的事实，我们不禁要问：这样的不负责任、虚假的认证造成的是何等的社会危害？第三方认证到底应该担当什么样的社会角色？是为虎作伥还是规范市场？为什么这样流于形式的虚假认证会普遍存在？对这样的认证该如何追究其经济责任和社会责任？对认证机构该如何监督？我国的认证标准和检测手段存在的这些问题有什么致命的影响？有效的第三方认证需要什么样的条件？我们应该如何决策才能保证我国第三方认证的信用？这一系列问题，不得不引起我们的深入思考。

专栏 1 - 2

三鹿奶粉事件影响至今：国人钟情海淘奶粉

这 10 年，是国人海淘买遍全球的 10 年。

2015 年，淘宝全球购发布了《海淘十年报告》，报告显示，2005 ~ 2015 年，国人的海淘足迹遍布 100 多个国家和地区，200 多万款海外商品被"淘"入囊中。

摘得"王冠"的是以奶粉为首的母婴类用品，其购买次数和成交额均名列第一。2008～2013 年的 5 年之间，中国大陆地区的 196 万位妈妈共花销 163 亿元，平均每人在"海淘"奶粉上花费掉 8343 元。

海外奶粉如此受宠，出乎意料却也在情理之中。

两大"心理"联合作用的力量。

消费者心理，在此仍是不可忽视的基本影响因素。

中国香港特区食物及卫生局的统计数字显示，2013 年，香港每月进口奶粉约 400 万罐，本地每个月仅消耗 60 万～70 万罐，超过 300 万罐奶粉其实只相当于在香港"转了一圈儿"。

中国农业大学曾进行的一项调查研究显示，国内消费者对目前国内乳品的质量基本满意，但对于"乳品是否还会再出现重大质量问题"表示"不能确定"，这显示出消费者对国内乳品质量仍持担忧态度、信心不足。

"我们还是低估了三鹿事件对消费者的冲击，这两年中国大陆消费者在欧美甚至香港抢购婴儿奶粉就是证明。"中国奶业协会会长高鸿宾在 2015 年 3 月举办的"中国婴儿奶粉创新崛起与质量升级"高峰论坛上说。

其一是信心不足，其二是一些固有的错误思维所带来的心理影响——这直接表现为众多国内的为人父母者宁可费尽心力舍近求远，也要通过"海淘"等形式来完成所谓的"把最好的带给自己子女"。

商务部国际贸易经济合作研究院研究员梅新育表示：我们有太多的消费者，需要摆脱思想认识里的误区——过分地相信洋奶粉的品质。在当前的生产情况下，按照标准和规程生产，国货奶粉和洋奶粉的品质控制，其差距微乎其微。

乳业专家宋亮也表示："洋奶粉"不都是极品，"国产货"也并非都是次品。近几年，各大乳企在奶源把控、加工技术和检验检测等环节进行了较大程度地提升。可以说，当前国产主流品牌奶粉质量是过硬的。

尽管有足够的证据及信息，但扭转部分国内消费者"外国的月亮更圆"的固有思维模式仍是一件相当困难的事。

资料来源：彭亮：人民网.
http://henan.china.com.cn/finance/2015/0814/714909_3.shtml.

1.1.3　媒体作用的启示

如前所述，有机食品的问题最先通过记者的曝光才为大众所知，更早时期的安徽阜阳假奶粉是由新民周刊和新浪网等媒体相继报道的，三鹿奶粉是由甘肃当地媒体关于 14 名婴儿可能因为喝某品牌的奶粉而致肾病的报道而一步步燃起的。近些年来，随着民间话语权的不断提高，个体公民意识的逐步建立，各种媒体在率先曝光与群众生活密切相关的诸多问题上都显示出了足够大的力量。在信息技术高度发达的如今，现实生活中的人们已经高度依赖报纸、杂志、广播、电视、互联网和移动网络等媒体工具，而不再把传统的、单一的人际传播作为获取信息的主要渠道，铺天盖地的新闻报道和多种传递方式为特征的当代传播媒体，已经成为人们获取信息的直接手段和途径，新闻报道和媒体消息成了人们进行社会观察和生活判断的主要依据。

如今的媒体包括报纸、杂志、广播、电视、互联网和移动网络，媒体不仅仅作为宣传的工具，而更多的是行使他们的舆论监督权利。广告几乎是门户和大部分网站、杂志等的生存法宝，是互联网具体盈利模式中最大的一块。不同的网站可以根据自身受众的特点，吸引不同的广告商。厂商做广告的目的很自然是为了让消费者"了解自己、认可自己"，若要吸引质量高且数量可观的广告商，媒体必须要求相当稳固的消费者基础。消费者对媒体的消费行为是以付出多少的注意力为代价的。因此，电视媒体为了赢得更多的"眼球"，必须充分了解受众，吸引消费者。而消费者喜欢听"真话"，这几乎是现在所有媒体的共识。各种媒体也纷纷意识到，媒体宣传也要注重真实性，不应成为散布谣言的平台。媒体不仅仅是作为宣传的工具，而更多地是行使他们的舆论监督权利。所以"百姓用媒体为自己说话"，让媒体起到监督的作用是切实可行的。没有外部监督，对第三方认证就没有制约和评判，认证的信用自然难以保证，有效的第三方认证离不开外部监督。

1.2　研究背景及研究意义

以亚当·斯密为鼻祖的传统古典经济学在对市场经济进行的研究时，有一个重要的假设前提——信息是完全的，如果没有完全信息这一假设，市场这一只看不见的手就无法将经济资源配置到最优状态。但是，现实中的市场实际上是一种信息不对称的市场，信息不对称客观、普遍地存在。信息的作用在于减少经济主体的决策风险和失误，从而提高人们的预期收益。市场需要信息，人们需要信息并且愿意付出成本获得有价值的信息。所谓信息不对称，是指市场交易双方掌握着不同数量和不同质量信息的一种经济现象。在信息不对称的市场上，买卖双方各自掌握的信息是有差异的，通常卖方拥有较完全的信息，而买方拥有不完全的信息。也就是说，通常买方较卖方处于信息上的劣势。这就使得消费者在消费过程中面临极大的不确定性和风险，并且常常为了获得信息而必须付出巨大的成本。

信息不对称使得信用危机普遍存在，消费者需要的某些信息恰恰是企业想方设法所隐瞒的。消费者吃一堑长一智的消费经验使得生产者与消费者之间存在严重的信任危机，生产者说的话消费者未必信，同时，生产者说的话消费者也未必懂。信息不对称问题对品牌信用的构建产生了极大的影响。对于企业来说，仅凭买卖双方的诚信是远远不够的，充分利用权威的、可信赖的、公正的第三方认证来提高企业的内在素质和外在的可信度，是一个能使企业档次快速提升、让产品打开销路甚至打入国际市场的好办法。

认证的本意是某个认证机构按照某种标准出具一种证明文件的证明行为，是由认证机构证明产品、服务、过程、管理体系符合相关技术规范强制性要求或者标准的合格评定活动。第三方认证广义上包括两方面工作：认可＋合格评定。首先，认证机构通过认可机构的认可，然后进行合格评定活动。认可是由认可机构对认证机构、检查机构、实验室以及从事评审、审核等认证活动人员的能力和执业资格予以承认的合格评定活动（见《认证认可条例》第二条）。在我国，认可机构指的是中国合格评定国家认可委员会，是由我国认证认可监督管理委员会批准设立并授权的认可机构，统一负责对我国的认证机构、实验室和检查机构等相关机构的认可工作。而合格评定是对产品、过程、服务、管理体系等满足标准和规定要求的程度所进行的系统检查和确认活动。第三方认证，顾名思义，是由独立于第一方和第二方的经过认可的权威第三方进行的合格的评定活动。

广义的第三方认证有四类：一是产品认证，分为强制性产品认证和自愿性产品认证。二是管理体系认证，目前主要有质量管理体系认证（QMS）、环境管理体系认证（EMS）、职业健康安全管理体系认证（OHSAS）、危险分析和关键控制点认证（HACCP）等。三是人员注册，包括对各类认证审核员、工厂检查员、认可评审员等的注册。四是对各类认证机构、检验机构（实验室）、检查机构的认可。

从众多产品的备选集中选择所需产品实现效用最大化所花费的成本（最优化成本），我们称之为选择成本。选择成本决定着消费者的购买行为，选择成本越高，消费者的购买概率就越低。要想降低成本，让消费者更容易获得产品的相关信息，只有建立适当的信息传输机制。购买活动能否顺利完成取决于信息的获取和信息传递效率的高低，消费者只能在他们力所能及的有限资本和知识条件下来完成购买决策。所以，第三方认证正好可以满足区别不同产品是否可靠、是否值得购买的"信号"要求。在第三方认证信用度高的条件下，第三方的信用和担保为消费者的购买行为提供了必要的信号，这样就大大降低了消费者的选择成本，节约了消费者的精力和时间，使消费者可以以较低的成本来获取产品信息。对消费者来说，任何强制性或者自愿性的第三方认证和担保都可以为购买提供必要的信息，只要该认证可靠则这些信息都是有意义的。有些产品是直接关系到人身安全的，如食品、纺织品和日用品，消费者更愿意这样的产品实行市场准入制度，就是对这类产品采取强制性认证，产品必须达到或者超过某一标准才能够进入市场流通。因此，第三方认证是一种节约选择成本的制度安排，它作为某产品、过程、服务等质量的证明者和鉴证方为消费者提供了一种行之有效的信号甄别机制。

对生产者来说，在竞争如此激烈的买方市场上，消费者往往面对众多选择，生产者既要让消费者知道自己的产品也得让消费者相信自己的产品，才能使消费者产生购买行为。在产品的质量标准以及价格和品质基本相同或者差距较小的情况下，正如我们前面所分析的消费者购买的关键性因素就是选择成本，较低的选择成本就成为企业取胜的重要武器。在供给大于需求的买方市场条件下，生产者更希望可以将自己的产品信息特别是区别于竞争对手的相关产品信息以一种有效的方式传达给消费者，以突出自己的产品优势来得到消费者的认可，从而促成消费者的购买行为。从生产者的角度出发，他们需要这样的一个信号传递机制，能够把自身有效且能突出优势的信息传递出去，打消消费者的顾虑，降低消费者的选择成本，提高其购买的概率。而第三方认证就可以提供这样的市场信号，这些信号由权威且具有一定公信力的机构提供出来，其效果远胜过生产者"王婆卖瓜、自卖自夸"的自我宣传。

第三方认证对企业经济效益、经济增长和社会发展的作用在理论上和实践中都得到了体现和验证。通过第三方认证，可以从源头上规范生产流程、提高产品质量、确保产品安全，从而有利于保护消费者的健康和安全、增强企业国际竞争力、规范市场秩序、加速商品流通、促进贸易发展、保障社会协调发展和信用体系的良性循环、维护国家利益。美国、欧盟等发达国家普遍重视第三方认证，他们把第三方认证看作是国民经济发展中重要的"技术基础设施"和市场经济中的"高速公路"。他们认为，中国尚没有建立一套符合市场经济运行规律的认证认可体系，这成为了他们不承认中国市场经济地位的重要借口之一。并且在近些年的国际贸易中，以合格评定为主要形式的技术壁垒成为他们主要的贸易保护手段，我们的产品进入他们境内必须经过他们所要求的各种认证，否则贸易无法实现。而如果他们提出的认证标准高于我们企业的常规标准或者我们的国家标准，等于是从技术上淘汰了我们的产品。据统计，我国每年遭受技术性贸易壁垒造成的损失高达 300 亿美元。第三方认证既是突破和利用贸易壁垒的重要手段，也是推进国家战略的有效管理手段之一。以国家权威性环境标志产品的认证体系为例，这一认证体系有助于我国企业确立环保意识、促进我国环境可循环协调发展和我国产品参与国际竞争、扩大出口。再以建设节约型社会的第三方认证为例，这样的节能认证可以使全部城镇建筑达到节能标准，而节能建筑的意义就是到 2020 年我们每年就可节省 3.35 亿吨标准煤、减少 8000 万千瓦时空调高峰负荷，相当于每年节省电力建设投资约 1 万亿元。这样的认证对整个社会的发展意义重大。

第三方认证也不算新生事物，在国际上已经成功地发展了 100 多年。我国的认证认可工作也走过了 20 多年的历程，目前已经成为一个认证大国，截至 2011 年，经我国认监委认可的认证机构达 174 个，加上外资在国内代表处共计 284 家，目前颁发的有效认证证书共 86 万张，包括产品认证和体系认证，连续 8 年保持世界第一；认可的实验室 3958 个，在国际上位居首位；认可的检查机构 186 个，在亚洲处于前列；直接从事认证认可工作的人数已达 10 万多人，各类获证企业及组织达 20 多万家，位居世界第一[①]。另外，还有数千家咨询和培训机构活跃在认证认可领域中。可以说，我国认证认可已经深入到经济和社会发展的各个角落，在我国社会和市场经济中发挥着重要作用。

与此同时，越来越多的企业意识到第三方认证对于拓展开发国内、国外两种市场、两种资源的重要性，以质量认证为手段、增进企业管理水平、建设企业品牌、提高企业信用的呼声越来越高，选择进行质量认证的企业和产品数都急剧增长。企业把取得质量认证资格看作是赢得顾客在激烈的市场竞争中生存和发展的一项重要手段，必然会千方百计地创造条件，积极开展认证工作。这样的市场需求必然产生认证行业的大量供给，于是，为数众多的认证审核和认证咨询机构都参与到认证队伍中来，从而形成了认证行业的竞争。

第三方认证的价值就在于提供了市场所需要的各种有效信号。在认证信息基础上形成的信息机制既是有助于消费者正确选择产品的信号甄别机制，又是生产者意愿提供区别信息的信号显示机制。这个机制正常发挥作用有一个前提，那就是经过认证提供出来的信息必须是真实可信的，真实可靠的认证才有存在的必要。认证信用是认证的生命力所在。

---

① 田建红：《新形势下我国认证机构管理存在问题简析》，载《中小企业管理与科技》2014 年第 5 期。

　　随着我国市场经济的发展和世界经济全球化步伐的加快，第三方认证是必不可少的制度安排。然而，第三方认证在提供信号甄别机制和信号显示机制减轻信息不对称的同时，自身也存在着严重的信息不对称，如果认证不能提供独立公允的证明，就会提供错误的信号误导消费者、扰乱市场秩序、扭曲社会资源配置，这样的认证不仅仅是无效的，它还是有害的。由于缺乏透彻的理论研究和实证分析，我国认证认可虽然具有了较快的发展速度但是认证质量却让人担忧，认证的信用问题已危及我国认证认可事业的长远发展。政企不分、监管不灵、认证机构的连带责任落实难以到位、制度漏洞、虚假认证、认证机构之间恶性竞争、认证审核人员素质参差不齐等问题都明显地存在于我国目前的认证行业中。

　　如果发挥这个重要功能的第三方认证是一个虚假认证，那么造成的社会危害可想而知，几十万人组成的庞大的认证机构，为数众多的企业进行过和正在进行着第三方认证，这其中产生的社会成本有多大？而这样的成本支出获得的产出若是一些不可靠的第三方认证，这样的认证不仅无任何价值，还会造成极大的资源浪费和社会危害。消费者被误导甚至被不合格的产品所伤害，给人们带来巨大的经济损失和严重的身心伤害，使我国企业国际竞争力丧失、我国政府公信力沦陷和我们整个信用体系的坍塌，造成大量的社会资源浪费和社会资源配置的扭曲，认证信用的问题必须得以解决。目前，我国第三方认证普遍不足的信用已经使得第三方认证不能适应当前认证市场的发展，也不适应国际贸易交流的认证规则。由此，如何解决提高第三方认证的信用问题迫在眉睫。

　　目前，对第三方认证信用的研究明显不足。以往的研究都是站在企业的角度来谈第三方认证的相关问题，本书是在信息不对称的大背景下，站在消费者的立场而不是企业的立场，从节约选择成本的角度出发，来分析什么样的第三方认证对消费者来讲是最为可靠的、是市场所需要的，是从品牌经济学的视角来分析第三方信用的；本书认为只要消费者需要并认可第三方认证，那么，企业一定会不遗余力且动力十足地去选择第三方认证，本书要做的工作就是要确定什么样的认证才能够被消费者最终认可和选择，而不是去具体研究企业选择做第三方认证的动机和收益。本书提出了第三方认证信用的概念而没有提出认证有效性的提法，第三方认证信用承接品牌信用而来，实际上讲的就是第三方认证的品牌信用。信用包含的因素有：谁发出的承诺、对谁发出的承诺、承诺了什么、如何保证该承诺得以实现。对第三方认证而言，认证给出的是一个"证明"，对消费者而言，这种证明就是一种承诺，这种承诺由认证机构给出，这种承诺是以认证标准为依据给出的，承诺的是某个企业的某种产品、服务或过程符合了某种标准。于是，我们后面提出了第三方认证的品牌信用乘数模型，能够最大程度地降低消费者选择成本和市场交易成本的第三方认证，才是有品牌信用的第三方认证。第三方认证要由最初的"信号"功能发展为一种品牌"符号",而只有当这个"符号"成为了消费者不假思索选择购买的依据,那么该第三方认证的品牌信用才算确立起来了。

1.3　相关理论综述

1.3.1　信息不对称理论综述

1961 年,经济学家斯蒂格利茨(Stiglitz)发现消费者购买冰箱等产品时往往会在不同的生产厂家之间进行权衡,也就是要货比三家,而这个过程往往持续的时间较长,通过这样一个比较和权衡之后再作购买决定。厂家为了把自己的产品尽量多地销售出去,就以促销会和各种各样广告的形式来向消费者提供产品信息,从而引起消费者的关注,然后,斯蒂格利茨对这一现象进行了研究,提出了"搜寻理论",第一次提出了信息不对称问题。之后他还注意到,大学毕业生找到的工作和得到的薪水普遍上是比中学毕业生好得多、高得多,这不仅是他们在大学里获得了可以用于现实工作的知识,还是他们的教育经历可以帮助他们引起企业的关注和赏识,从而通过了企业的挑选。企业需要的是生产效率高的人,而他们又不具有完全信息,最后,只能根据大学学位来判断谁更上进、更善于学习。

1970 年,美国经济学家阿克尔洛夫(AKeriof. G. A)发表了他的经典论文《柠檬市场:质量不确定与市场机制》,从此"二手车"市场被广泛关注。在旧车市场中对买卖双方来说,有关产品质量的信息是不对称的,卖者的信息明显多于买者。买者可能怀疑其质量有问题,卖者也可能为了把"次品"推销出去而故意隐瞒某些质量状况。这种信息的不对称,会导致质量不同的车可能按相同价格出售,买者掌握不了每辆车的具体质量状况,他们只会按"平均质量"进行价格支付。按照平均质量支付的结果就是低质量的旧车愿意成交而高质量的旧车被这个较低的价格排斥出市场,导致买者在下一轮的市场交易中通过上次经验得知"平均质量"其实被高估了,于是进一步压低价格,所以,低质量的旧车又被排斥出市场。阿克尔洛夫建立了柠檬市场模型,以"柠檬"作为二手车的比喻,得出的结论就是在信息不对称的条件下,如果只靠市场机制的作用,最终结果就是"劣币驱逐良币"。信息不对称导致效率损失可见一斑。

诺贝尔经济学奖得主卡门(Daniel Kahneman)和阿莫斯在 1997 年发表的"观察理论"(prospect theory)中发现,人类在不确定中表现的行为不符合经济学的原理。如在购买保险单的时候,人们一定要保险单是 100% 的保证,即便在

99%保证的情况下，投保人也不会买；即便在99%保险的情况下投保的钱数会大大减低，也没人去买。为了得到这种确定性，人们愿意花出更多的支出。

1973 年，"信号传递模型"（signaling model）在斯宾塞（Spence）的论文《劳动市场的信号》中被首次提出，这一模型本质上解决的是在信息不对称条件给定的前提下，如何克服市场无效率或如何实现福利最大化的问题。理解这个模型，笔者认为，可以通过这样一个例子，例如，在二手车市场中，卖方也可以主动传递信息给买方：我卖的是好车。怎么能让对方相信是好车呢？也就是卖方传递什么信息才对这一市场交易是有效信息呢？卖方可以自己承担费厓或者和买方约定费用分担，去找权威的汽车检测机构进行检测，通过检测，打消买方的顾虑，买卖成交。在现实生活中，商家的保修、包退、包换实际上都是在向消费者传递"放心买我的东西吧，出了问题我负责"的信息。

斯宾塞还考察了教育水平作为"信号传递"手段在劳动力市场上的作用。当在哈佛大学读博士的时候，他观察到一个很有意思的现象：很多 MBA 的学生在进哈佛之前很普通，但经过几年哈佛的教育再出去，就能比教授多挣几倍甚至几十倍的钱。哈佛的教育难道真有这么厉害吗？

斯宾塞研究的结果是：教育不仅具有生产性，更重要的是教育具有信号传递的作用。在教育程度方面，低能力雇员选择较低的教育水平；高能力雇员选择较高的教育水平。雇员把教育程度作为高生产率的信号，向厂商传递，以获得与生产率相匹配的工资。

而信号传递是有成本的。正是因为不同的人在传递信息过程中发生的成本不一样，才保证了信号传递的有效性。例如，卖劣质车的人会自己承担费用去做车检吗？一般是不敢的。通常情况下，只有质量过得去的卖车人，才敢请权威部门进行车辆检测，从而将车卖出，获得真正的利润。

现在很多人工作之后还要去进修或者继续深造，如很多人考 MBA 或者研究生，目的都是为了个人更好地发展。作为老板是不知道公司里每个员工的真实水平和能力的，而如果某个员工向老板传递这个信息，大部分公司的老板都是欣然同意的，能力低的人不敢做出这样的抉择，上 MBA 是要付出成本的。各种学杂费加在一起，会计成本就是一个不小的数字，并且在求学期间还会损失所有原来工作的收入，机会成本是极高的，还存在其他看不见的成本。在求学的过程中，为了顺利毕业，取得最后一样的证书，能力低的人比能力高的人要吃力得多，这无形之中就增加了低能力者发送信号的成本。低能力者发出这个信号的成本过高的话，那么发出信号较大概率的就是高能力者了。总之，要准确理解这个模型，笔者认为必须清楚"发送信号要发生成本"是"信号有效"的充要条件，并且不同人发送同一信号的成本不同，同一人发送不同信号的成本也不同。

劳动力市场、保险市场、股票市场、委托代理问题中都存在典型的信息不对称。招聘者应该实现怎样的工资策略呢？使用较低的工资来降低公司运营成本还是用较高的工资吸引高效率人才呢？困惑的原因就是因为哪部分人是高效率群体实在不好区分。学历相同年龄相似，工作能力可能会差别很大。

健康险的保费应该定在一个什么样的水平？太低的保费使得保险公司年年亏损。保费的提高把那一部分身体还算可以的人也给排除出去了，随着保费的提高，投保人的结构更加恶化，公司亏损更为严重，这样发展下去保险市场将会消失。

针对信息不对称又提出了一个"信号甄别模型"。如保险公司可以通过提供两份保单来甄别不同的客户群并且减少损失，一份保单提供充分的保险但是保费较高，另一份保单提供部分保险但是保费较低。每个投保人根据自己的健康状况在这两种保单之间做选择。这样保险公司也把高风险投保人和低风险投保人有效地区分开来。

阿克尔洛夫、斯宾塞与斯蒂格利茨于 2001 年共同获得诺贝尔经济学奖，他们的理论是现代信息经济学的基石。

再简单的商品，如一个馒头，消费者自己也无法判断产品质量的高低、成分的好坏，这是一个生产流程规范和技术检测的问题。一般情况下，生产者比消费者对产品生产的过程和质量状况了解的要多得多，在这种情形下，消费者没有办法对生产者的生产过程进行评价，更无法对产品的质量特性作出科学地检查，很难作出有效的选择，选择成本极大，出现市场失灵，逆向选择问题大量存在，社会福利大幅度降低。也就是类似于前面所说的二手车市场中的劣币（低质量、低成本）驱逐良币（高质量、高成本）的现象。而完备信息的成本太高，经济再发展、科技再进步、消费者再成熟、制度再完备，信息不对称都是客观存在的。

在信息不对称的情况下，如果交易双方能够将所有的风险情况都能做到合同当中去，商业行为也是可以发生的。但是，这种情况只能在理论中存在，将所有的情况都考虑进去是不现实的，即便要做到，其成本也将难以想象。因此，目前所有的商业合同都是不完整的（incomplete contracts）。诺贝尔经济学奖得主哈特（Oliver Hart）和摩尔（John Moore）在 1999 年发表的《不完整合同的根基》（foundations of incomplete contracts）中指出，因为合同的不完整性，有利的一方就会发生"劫持"（hold-up problem）行为，如强迫不利的一方接受更高的售价等。第三方认证就可以比较好地解决这一类问题，第三方的认证可以对信誉和风险等做出一定的评估。

同时，由于信息不对称，生产者生产优质、高成本的产品的激励会进一步降低甚至完全消失，机会主义就会产生，如一些生产者尽量避免采用成本较高、但是能够保证产品质量的原材料和生产方式，反而，常常用低成本、但是对消费者健康不利的原材料和加工工艺生产出产品来，然后以比较低的在同行业中相对有竞争力的价格在市场上大量销售。

于是市场就需要第三方介入来提供一个产品质量的信号，这个信号一方面是要对生产者向外界传达的信息进行监督；另一方面该信号是为了令消费者信任、取消顾虑，从而正确购买。通过第三方认证机构按照相应的标准进行认证，通过规范和达标，把产品转换成标准化产品。

除此之外，信息不对称还会造成"代理人现象"。诺贝尔经济学奖得主法玛（Eugene Fama）和詹森（Michael C. Jensen）指出，在信息不对称的情况下，会使得公司的代理人（经理）做出不符合股东的行为，这样的现象也会发生在公司和消费者身上，因此，第三方认证就很重要，如独立的金融分析师，他们可以给股东提出盈利预测，等等。就可以避免这种现象的恶化。

在西方经济体系中，有一些虽然没有被贯之以第三方认证，但是，实际上就行使了这样作用的机构，而它们的作用也是极大的。西方的银行定位就是如此。曾有一度的时间，学者们认为银行的作用不大，因为银行能够做到的，其他的金融机构也能做到，如放贷、收取储蓄、当作支付的手段，等等。戴蒙得（Douglas Diamond，1984）则在他严谨的理论推导中指出，每一个储蓄人都缺乏动机和资源去追踪自己的存款被何人使用，使用是否得当。但是，银行作为第三方，可以使得这种弊病被消除。银行的经理将储蓄人的存款集中在一起，他既有动机，更有资源去调查需要被放贷公司的信息和使用情况。这一种信息优势是其他金融公司所没有的。西方的银行能够在信息不对称的情况下起到其他金融公司所不能起到的作用而有了理论上的生存根基，可以说，戴蒙得的论文一举奠定了现代西方银行业的存在依据。从第三方认证的角度来看，银行不仅在经济体系中扮演了实际的功用，更是起到了消除信息不对称的作用。

1.3.2 关于第三方认证有效性的研究综述

依据 ISO/IEC 指南对认证的定义：第三方提供某种产品、某个过程或某项服务符合某个规定或者标准的书面保证所依据的程序。为了全面、准确地理解并掌握认证有效性的定义，首先，需要探讨有效性的一般定义、主要出处或依据，关于认证有效性的定义有以下几种。

（1）有效：能实现预期的目的，也就是说有效果。而效果则是由某种力量、做法或因素产生的结果（多指好的）（现代汉语词典，商务印书馆，1984），而达到效果就可以说具备有效性，否则就是缺乏有效性（或者无有效性），这是人们的一般认识。而实际上，有效性表示特定事物的一种能力，它除去有或无之外，还应该有好、差、显著、微弱（程度）的区别，也可以表现为直接的和间接的、短期的和长期的，显现的和隐含的（罗国英，1999）。

（2）有效性：指的是能力和资源，能够产生更多更好的成果的一种手段，是指做对的事情（to get the right things done）的能力（P. F. Drucker，1967），这是将有效性定义为一种能力，使一定资源能够获得更多产出的工具。

（3）有效性：完成策划的活动和达到策划的结果的程度（ISO9000：2000 质量管理体系基础和术语）。英文 effectiveness 和 validity 都被翻译为有效性，但实际上它们的意义是不同的，effectiveness 说的是达成某种目的的能力和程度，是效率和效果的有效性；而 validity 则是指有效期（药品、合同、文件、有效性卡等），有效（valid）意味着尚未过期、尚可使用、被法律认证等含义；此时无所谓有效性高低，有效只是说还没有过期作废，也就是只是表明仍然可以使用的意思。

本书的观点是，第三方认证的有效性指的是第三方提供某种产品、某个过程或者某项服务符合规定或者标准的书面保证的可靠性和可信度。以产品认证为例，产品认证指的是第三方提供产品符合规定要求的书面保证所依据的程序，是一组有序的活动，通过这组活动来证明某种产品符合某个标准或者规定的要求，也就是说产品认证的结果是第三方提供产品符合规定要求的书面保证。

我国第三方认证的发展速度过快，认证质量和有效性亟待提高的问题也被诸多国内外学者所关注。但是，之前的研究都是从企业和政府监管的角度提出的。如 2007 年，复旦大学的朱晓莺的硕士论文《第三方管理体系认证机构认证有效性研究》就是从企业进行第三方认证的动机入手的，企业动机"不纯"和认证过程流于形式导致了认证出现了诸多问题，认为需要对认证机构进行严格监管进行行业规范从而提高认证的有效性。并且把认证有效性的评判标准归纳为提高产品/服务质量水平；提高获证组织的顾客满意；增加获证组织销售额；提升获证组织的品牌和企业知名度；降低获证组织成本；提高市场占有率或投标中标率；促进能源、资源的有效利益；提高员工满意度，等等。华中农业大学刘宗德的博士论文《基于微观主体行为的认证有效性研究》（2017）也是从企业这一微观角度进行广泛的市场调查提出了提高认证有效性的措施，并分析了认证市场在萎缩交易、认证机构恶性竞争和认证机构如何获取客户等方面的问题。湖南大学胡佳的硕士学位论文《我国认证行业存在的问题及其法律对策》（2009）则针对我国认证行业存在的问题从法律的角度提出了解决对策。虽然研究的角度不同，但这些思想都给了本书很好的启发。

王新平、汪方军等（2008）做了企业质量管理体系及其认证的有效性研究综述，是对质量管理体系和认证有效性的较为权威的论述，文献给出了质量管理体系及其认证的有效性的定义，认为质量管理体系认证的有效性既是指质量管理体系运行结果实现预定目标的程度，也是指质量管理体系认证带给组织的实际效果及其效果实现的程度，文献认识到了管理体系和管理体系认证是既有联系又有区别的，质量管理体系是管理体系认证的内在基础，管理体系认证是质量管理体系的外在表现，管理体系认证可以为企业提供外部信任的保证。文献还对相关学者关于质量管理体系认证的"有效性"的判断标准、实证分析、评价因素和评价模型等问题的研究作了综述，其中，实证研究有对认证动机、企业绩效、质量审核人员等方面也作了综述。卓云（2008）在"如何提高产品认证的有效性"一文中提出了不同国家的认证标准不同，出口产品做认证时应注意到这一问题，还提出了充分利用国际合作和国际互认，寻求第三方认证发展的捷径，这些也都是对本书很有点拨意义的思想。

孙丽娟（2010）主张加强获证后监督，提高产品认证的有效性，认为应该从增加监督的频次、强调监督的深入、改进监督的实施方式、优化监督的实施、加强检查员的管理等方面入手。许忠福、蔡锦煌（2010）则提出，企业应该作为主体积极作为，从而提高企业认证的有效性。杨辉（2011）在《企业体系认证有效性分析与对策》中的观点和前面几位学者一样，都是从企业和监管的角度提出解决方案的，认为企业领导重视是关键；要加强对质量体系文件的审查力度；倡导企业应创建学习型企业，应加强培训和教育致力于提高企业整体员工素质；对发生偏离标准的各项质量活动及其结果除加强预防控制外，还必须强化质量监督。还有早几年其他学者对认证有效性问题的关注，如黎志海（2000）提出，通过强化企业内部管理提高质量体系认证的有效性，秦慧鸣（2000）等也是主要从监督和企业内部管理的角度提出要提高第三方认证的有效性问题。

本书的研究不同于以往对第三方认证的有效性研究的方面体现在：第一，本书是在信息不对称的大背景下，站在消费者的立场而不是企业的立场、从节约选择成本的角度出发，来分析什么样的第三方认证对消费者是最可靠的、是消费者所需要的、是能够发挥降低选择成本这个功能的，也就是说本书关注的是什么样的第三方认证才是维护消费者的人身安全和财产安全的。我们认为只要消费者需要并认可的第三方认证，企业一定会不遗余力且动力十足地去选择，从另一方面讲只有消费者需要并且认可的第三方认证才有其存在的价值。第二，本书没有继续提出认证有效性的提法，而是提出了第三方认证信用的概念，信用即承诺的实现程度。对第三方认证而言，认证给出的是一个"证明"，对消费者而言，这种证明就是一种承诺，这种承诺由认证机构给出，这种承诺是以认证标准为依据给出的，承诺的是某个企业的某种产品、服务或过程符合了某种标准。这样一个本身具备信用的第三方认证还需要得到代表"百姓"心声的传播媒体的认可。于是我们后面提出了第三方认证的品牌信用乘数模型，能够最大程度地降低消费者选择成本和市场交易成本的第三方认证，才是有信用的第三方认证。第三，第三方认证作为一种有效信号促进了市场交易的顺利进行，根本作用就是通过影响消费者选择来降低选择成本，从而提高资源配置效率，并且第三方认证行为都是收取费用的，只要是收费形式的第三方认证，尤其是经认证的产品或者服务出现了问题后，如果认证机构不对受损消费者承担连带责任赔偿，那么这样既可以收取认证费用又不承担赔偿责任的第三方认证，从逻辑上讲是不可靠的，是不值得信任的。但是，对于第三方认证的责任承担问题只是在法律条文中见到类似字眼，而对责任承担的落实和操作问题谈之甚少，责任承担问题在理论上和实践中几乎是一个空白，我们力图提出几点切实可行的政策建议。第四，从信息的角度看，第三方认证行业是以减少信息不对称为初衷而存在的，然而其本身却存在着严重的信息不对称，所以，只有长期的市场预期并且注重树立自身品牌的第三方认证机构才能提供可靠的认证来有效地满足消费者对于认证的需求，这一行业的品牌建设至关重要，树立自身的认证品牌是认证企业最长远的选择，也是能够长期被市场所接受的必然选择。能够最大程度地降低消费者选择成本和市场交易成本的第三方认证，才是有品牌信用的第三方认证。第三方认证要由最初的"信号"功能发展为一个品牌"符号"，只有当这个"符号"成为消费者不假思索选择购买的依据，那么该第三方认证的品牌信用才建立起来。第五，本书提出了重视传播媒体对第三方认证信用的监督作用。媒体宣传也要注重真实性，不应成为散布谣言的平台，这是所有权威媒体的共识。"百姓用媒体为自己说话"，让媒体起到监督的作用是切实可行的。且以微博、博客、贴吧等为表现形式的个体网络媒体的发展更是以快速的、不可控制的、"集合效应"展示了公民的意识，提高了信息的透明度。没有外部监督，对第三方认证就没有制约和评判，认证的信用自然难以保证。

1.4 研究思路和研究方法

1.4.1 本书的研究思路

本书的研究思路如图 1-1 所示。

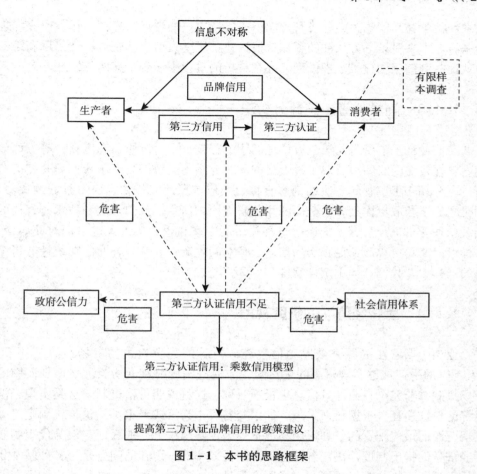

图 1 - 1　本书的思路框架

　　本书运用的主要方法是运用品牌经济学的分析范式和研究视角，结合文献阅读法、案例分析法、模型构建和问卷调查、访谈、统计分析法来进行展开的。

1.4.2　文献阅读、案例分析、模型构建

　　本书的文献大多来源于山东大学图书馆的全文数据库数字资源和网络，如 EBSCO、IEEE、PQDD 等英文数据库以及 CNKI、清华学术期刊网等中文期刊，并在利用搜索引擎（Google，Baidu，Yahoo 等）对国内外开放资源进行搜索阅读。通过针对性地阅读导师及其团队以往和最新的文献，对导师及其团队在相关领域的研究有一个比较全面的理解，对领域内最新的研究动态和结果也能有所掌握并进行跟踪。在仔细阅读前人所做研究的同时，也参考了大量的第三方认证、

信息经济学和其他相关的经济管理知识来支持本书的观点，来作为作者研究的理论基石。本书对第三方认证的存在价值构建了概率模型，就企业品牌信用和第三方认证品牌信用构建了数理模型，并在分析的过程中结合了案例分析。

1.4.3 问卷调查、统计分析法

我们设计了消费者对第三方认证的了解程度、支付意愿、态度评价等方面的问卷，在较短的时间内获取了较大量的与研究相关的数据，便于我们展开相关分析，充分利用了调查问卷法的内容直接、获取信息速度较快、成本较低的优势。同时，为了获取更详细和更全面的相关研究论题信息，我们多次和技术监督局的相关工作人员进行了深入交谈，与有关认证专家和企业负责人进行面对面访谈，这样可以获得更权威、更真实的信息，是对问卷调查的良好补充。在统计分析工具的选择上，我们选择了统计软件 SPSS22.0。

1.4.4 品牌经济学的研究视角

亚当·斯密在资源完全流动信息充分对称的完全自由的市场经济条件下，"看不见的手"能够实现资源的优化配置，促进国民财富的增长。然而现实中的市场机制并非完全自由而且信息也极不对称，这就说明价格机制未必是实现经济目标的最佳途径。根据科斯定理，如果交易成本为零或者很小，价格机制是可以实现资源的最优配置的，如果交易成本不为零甚至很大，那么以产权为代表的制度经济学的提出制度是决定着社会资源配置效率的。现在的问题是，各种基本相似的产品所面临的市场价格和市场制度都是在一定的条件下，是什么决定了有的企业生存、有的企业被市场淘汰？孙曰瑶教授提出的观点是：品牌决定了企业的效率。品牌不仅仅是一种法律符号，和商标是不同的概念，品牌还是一种利益符号，是某种可以让顾客不假思索地进行持久选择的单一利益点或者是理由。在买方市场中，品牌决定着企业的命运，品牌可以使企业拥有定价权，可以使企业突破空间限制，从而扩大市场占有率。

发现价格信息是需要成本的，这个费用我们称之为交易成本，按照科斯的解释，企业是对市场的替代，利用市场是需要成本的，当企业的内部管理成本小于利用市场的交易成本时，企业便有了存在的价值，也就是说因为有交易成本才有了企业。通过交易成本，消费者发现了价格，建立起了备选集，但是消费者的购买行为是从这样的备选集中选一个或者少数几个，总之，现实的购买行为是一个最优化的过程，在这个选择的过程中产生的成本，孙曰瑶教授称之为选择成本。

而品牌的作用就在于降低选择成本，给消费者一个不假思索购买的理由或利益点，所以，品牌不是知名度，不是美誉度，也不是忠诚度，品牌归根结底是一种排他性的品类符号，通过这一品类符号向消费者做出利益点承诺，这个承诺的实现程度就是品牌信用。品牌的利益点包括物质利益和情感利益。

在这种信息不对称的条件下，品牌传递信息的作用凸显出来。品牌成为目标顾客不假思索且长期购买的理由，品牌成为消费者购买的最可靠的依据。

在信息不对称的条件下，品牌的意义在于提供一个有效信号，节约消费者选择成本，从而促进市场交易的顺利进行。但是即使如此，品牌本身的信用在信息不对称的条件下依然显得有点"王婆卖瓜，自卖自夸"之嫌，于是会出现消费者想知道的生产者未必会说，生产者说了，一方面消费者未必信；另一方面也未必懂。这个时候如果有个中立的第三方通过提供第三方信用，则根据信用转移机制，我们得知消费者会因为信任第三方信用而相信某个品牌，所以说认证的最大贡献亦在于提供了一种有效信号，第三方认证起源于为提高产品的品牌信用、降低信息不对称、促进交易顺利进行的需要，从而降低了选择成本和提高资源配置的效率。第三方认证的价值就在于提供了市场所需要的各种产品信号。在认证信号的基础上形成的信息机制，既可以有助于消费者正确选择产品的信号甄别机制，又可以为卖方提供区别信息的信号显示机制。

这些机制正常发挥作用有一个前提，那就是认证信息必须是真实可靠的。通过真实可靠的第三方认证，才可以从源头上规范生产流程、提高产品质量、确保产品安全，从而有利于保护消费者的健康和安全、增强企业的国际竞争力、规范市场秩序、加速商品流通、促进贸易发展、保障社会协调发展和信用体系的良性循环、维护国家利益。从这个意义上讲，第三方认证属于品牌建设的一个很重要的环节，从而品牌经济学研究的第三方认证也就很有必要。

孙曰瑶教授和他的研究团队就品牌经济学形成了特定的分析范式，品牌经济学认为品牌是消费者信得过的一个"符号"，其核心作用是降低选择成本。而信息不对称则大大增大了消费者的选择成本，所以，信息不对称使得品牌不可或缺。但是，信息不对称导致的信用危机又使得企业的自我推介和宣传受到消费者的质疑，在这种处境下，第三方信用就成为了消费者和生产者之间的一个桥梁，通过中立权威的第三方认证机构所做出的相关认证更容易取得消费者的信赖。从这个意义上说，第三方认证属于品牌信用的一个重要环节，本书就是从这个角度展开分析的。

从众多产品的备选集中选择所需产品实现效用最大化所花费的成本（最优化成本）我们称之为选择成本。选择成本越高时，消费者的购买效率就越低。要想降低成本，让消费者更容易获得产品的相关信息，只有建立适当的信息传输机制。信息获取和信息传递效率的高低水平，会对购买活动能否顺利完成产生直接影响，消费者只能在适合他们的有限的资本和知识条件下来完成购买决策。所以，第三方信用正好可以满足区别不同产品是否可靠、是否值得购买的"信号"要求。在保证第三方认证可靠的条件下，第三方的信用和担保为消费者想获得的产品提供了必要的"购买信号"，这样就可以降低消费者的选择成本，节约了消费者的精力和时间，使消费者可以以较低的成本来获取产品信息。从消费者的利益角度出发，任何强制性的第三方认证和担保以及自愿性的第三方认证和担保都可以提供必要的产品信息，这些产品信息都是有价值的。对于那些与人身安全直接相关的食品、纺织品和日用品等来说，消费者甚至更赞同安排强制性的第三方认证。因此，第三方认证作为传递产品质量信息的辅助手段提供了一种行之有效的信号甄别机制，这是一种制度安排，它节约了选择的成本。

对生产者来说，在竞争的市场上，消费者往往面对众多选择，生产者既要让消费者知道自己的产品也得让消费者相信自己的产品，这样才能产生购买行为。在产品的质量标准以及价格和品质基本相同或者差距较小的情况下，较低的选择成本就成为是否能赢得消费者购买的关键性因素。在市场交易活动中，卖方使自己优于竞争对手来解决信息不对称的问题，卖方更愿意主动地将自己的产品信息特别是区别于竞争对手的相关产品信息主动地告知消费者，以显示自己的产品优于竞争对手的产品。并且要想方设法地让消费者相信信号的真实性。而第三方认证提供关于产品的市场信号，这些信号来自于第三方的工作，而且是由权威、具有一定公信力的机构所提供的，效果远胜过生产者的自我宣传。

1.5 本书的框架、创新及局限

1.5.1 本书的框架

本书共分为七章，第 1 章是导言，通过有机食品的虚假认证、三鹿牛奶添加三鹿氰胺等热点问题导出认证信用不足这一核心问题，介绍了研究这一问题的背景和意义，做了信息不对称理论、认证有效性研究等方面的理论综述，介绍了本书的研究方法和分析思路，对品牌经济学理论的研究方法做了重点梳理、同时介绍了本书的创新点和不足之处。第 2 章介绍了第三方认证的发展历程及其在中国

20多年的发展过程，使我们对第三方认证有一个全面、客观的认识。第3章研究了第三方认证作为"信号"对品牌的意义以及第三方认证存在的必要性和模型证明。第4章研究了第三方认证存在的问题以及危害，凸显第三方认证信用这一问题研究的紧迫性，并且结合第三方认证的认知程度、评价和支付意愿的有限消费者样本分析，提出第三方认证品牌信用的重要性。第5章提出了第三方认证的乘数模型，从认证机构、认证标准、认证对象、传播媒体四个方面来展开对认证信用的剖析。第6章讨论了提高认证信用的政策建议，结合第5章的乘数模型，指出了第三方认证进行品牌建设的路径。第7章是对本书的总结和对研究的展望。

1.5.2 本书的创新点

本书的研究不同于以往对第三方认证的有效性的研究，不同之处体现在以下四个方面。

第一，在研究角度上，本书是在信息不对称的大背景下，站在消费者的立场而不是企业的立场，从节约选择成本的角度出发，来分析什么样的第三方认证对消费者来讲是最为可靠的，是市场所需要的，本书是从品牌经济学的视角来分析第三方认证的信用的；只要消费者认可并需要的第三方认证，企业一定会不遗余力且动力十足地去选择通过该认证。从另一方面也可以理解为只有能够维护消费者人身安全和财产安全的第三方认证才是消费者需要的第三方认证，而只有消费者需要并且认可的第三方认证才有其存在的价值。本书还给出了第三方认证的信号功能模型和实力区分模型。

第二，在概念上，本书没有继续提出认证有效性的提法，而是提出了第三方认证信用的概念，信用包含的要素有：谁发出的承诺、对谁发出的承诺、承诺了什么、如何保证该承诺得以实现。对第三方认证而言，认证给出的是一个"证明"，对消费者而言，这种证明就是一种承诺，这种承诺由认证机构给出，这种承诺是以认证标准为依据给出的，承诺的是某个企业的某种产品、服务或过程符合了某种标准。因此，本书从认证机构、认证标准、认证对象和传播媒体监督四个维度提出了第三方认证的品牌信用乘数模型，能够最大程度地降低消费者的选择成本和市场交易成本的第三方认证，才是最有信用的第三方认证。

第三，在研究范式和提高第三方认证信用的路径上，本书认为第三方认证是作为一种有效信号促进了市场交易的顺利进行，其根本作用就是通过影响消费者的选择，降低选择成本，提高资源配置效率，并且第三方认证的行为都是收取费用的，只要是收费形式的第三方认证，尤其是经过认证的企业出现问题后，如果认证机构不对受损消费者承担连带责任赔偿，那么这样既收费又不承担连带责任的第三方认证从逻辑上讲是不可靠的，是不值得信任的。只有必须承担相应责任的经济行为才有信用可谈，但是，对于第三方认证的责任承担问题只是在法律条文中见到类似字眼，而对责任承担的落实和操作问题谈之甚少，责任承担问题在理论上和实践中几乎是一个空白，我们力图提出几点切实可行的政策建议，如第三方认证的信息公开、赔偿基金的建立、延长认证机构的经营期限、建立符合市场经济发展规律的收费制度。

第四，在我国第三方认证的发展战略上，本书提出了培育和发展第三方认证品牌，进行品牌战略是唯一出路。从信息的角度看，第三方认证行业是以减少信息不对称为初衷而存在的，然而其本身却存在着严重的信息不对称，只有长期市场预期并且注重树立自身品牌的第三方认证机构才能提供可靠的认证，来有效地满足消费者对于认证的需求，本书建议适当延长认证机构的经营期限，并引导、鼓励该行业的品牌信用建设，树立自身的认证品牌是认证企业最长远的选择，也是能够长期被市场所接受的必然选择。能够最大程度地降低消费者的选择成本和市场交易成本的第三方认证，才是有品牌信用的第三方认证。第三方认证要由最初的"信号"功能，发展为一个品牌"符号"，只有当这个"符号"成为消费者不假思索地选择购买的依据时，该第三方认证的品牌信用才得以建立。

1.5.3 研究的局限

第三方认证不是我国土生土长起来的一个行业，在我国仅有 20 多年的发展历程，结合我国国情的可借鉴的资料文献并不多，而且第三方认证本身就是一门非常大的跨行业、跨地区的学问，认证行业涉及的内容非常广泛，制约本书对认证更全面更深一层的研究，主要体现在以下四个方面。

第一，本书选取了从品牌经济学和信息经济学的角度来研究第三方的认证信用问题，这对研究第三方认证是一个很好的切入点，却无法避免让一些其他角度上的理论不能展现在本书中。

第二，在该书的写作过程中，明显感到对第三方认证的研究不够专业和深入，受个人专业局限和思维定式的影响，不可避免地存在观点片面性或类似于隔靴搔痒等的问题。如对认证标准的研究，我们意识到了认证标准的高低、认证指标的设计和检测方法等因素对认证信用至关重要，但是，却无力证明不同行业的认证指标如何设计，认证标准如何制定以及科学的检测方法分别有哪些，希望自然科学领域对这些问题能够有更准确量化的确定。

第三，第三方认证属于第三方信用的范畴，而第三方信用是比第三方认证内涵大得多的一个概念，如商场、医生、甚至各种中介机构都在或多或少地起着第三方信用的功能，消费者会因为偏好哪个商场而更愿意选购该商场内的产品；专家号的需求如此巨大，专家开的药病人就会放心地服用；寻找家政服务人员，我们都知道通过可靠的中介会比较安全，等等。笔者曾希望能够在更大的领域和内涵上来展开更广泛的研究，这一点目前还没有实现。

　　第四，就第三方认证本身的特点而言是在不断发展变化的，仍然需要不断加强对认证规律的认识，对这个规律的总体把握是一项系统的工作，还需要更加深入的后续研究。

第 2 章

第三方认证制度的发展历程

2.1　第三方认证的起源

　　市场最早产生于交换。几个世纪以前，人与人之间的物物交换形成了最简单的市场。买卖双方通过面对面地打交道，对彼此提供的物品进行感官上的认知，检查彼此所提供物品的质量。在买卖双方看来，对方提供的物品或者在交换过程中，对方表现出的态度是自己对其物品质量评价的主要标准。工业革命之前，绝大多数产品是通过手工方式生产的，在生产的过程中，工匠们所表现出的熟练程度、技巧和判断力是决定其生产的产品质量高低的主要因素。因此，当时主要是依靠掌握的技巧和技术程度以及对市场有影响力的人来保障产品质量，他们能够对市场和顾客的意见做出反应，能掌握和监督产品生产的各步骤，这样可以保证产品的质量。

　　工业革命产生了劳动分工，分工的程度要受交换能力大小的限制。随着工业革命的深入，交换的范围逐步扩大，交换能力也就随之活跃，市场的运作不仅仅局限于物物交换以及互通有无和互相交易的一般需求，人们所生产的各种不同的物品，由于市场的扩大，使其形成专业化，进而形成不同的生产组织。这些生产组织，根据市场的需求状况进行批量生产。在不断的生产交换过程中，企业规模不断扩大，生产程序越来越复杂，由于每个工人只负责生产过程中的属于自己的一小部分，而不会掌握整个生产的工艺流程，所以只单纯地依靠熟练的技术和技工，避免不了产品不合格。这样，企业就非常需要产品的检验环节。新的职业群体——检验员，在第一次世界大战时期出现了，这些检验员组成了关乎最终产品质量的检验职能部门。

　　第二次世界大战期间，出现了控制产品质量的统计方法，这个方法是受战争、工业低迷、工业劳动力不足的影响而产生的，为了提高质量检验的效率产生，当时已经建立了批量生产方式。美国军方刚开始利用这种统计质量的控制方法是为了提高军用物品的质量，对军用物品的供应商进行了统一培训，并制定了三个战时的质量控制标准。形成了"事先控制，预防废品"的新思路。这种方法后来逐渐被其他行业广泛应用。随着经济发展产品的日新月异、产品复杂、种类繁多，人们在对享受这些产品所带来的欢乐的同时又发现，产品的风险日益增加，产品的可靠性成了大问题。从 20 世纪 50 年代开始，开发专门的方法来提高产品的可靠性，这些方法以 SPC 和可靠性工程为代表。SPC（statistical process control，即统计过程控制，主要是指应用统计分析技术对生产过程进行实时监控，科学地区分出生产过程中产品质量的随机波动与异常波动，从而对生产过程的异常趋势提出预警，以便生产管理人员及时采取措施、消除异常、恢复过程的稳定，从而达到提高和控制质量的目的。）和可靠性方法最初是应用在军工制造、通信、飞机、电子等产品中，后来逐渐发展成为应用于普通产品开发中的基本工具。

20 世纪 60 年代，人们逐渐探索出了全面质量控制的概念。单纯地依靠产品开发和检验等个别部门是不能够让产品完全适应市场的要求的，企业需要进入市场，了解客户需求，进行有效的市场调研和市场分析，从而提高产品质量和产品服务，逐渐建成一个有效的产品体系，使产品达到"零缺陷"的水准。为实现这一过程，需要覆盖所有的职能部门，公司范围内的全面质量控制需要涉及多个部门的质量控制活动。20 世纪 60 年代末，为了保证获得期望的质量，质量保证体系应运而生。在质量保证和质量控制的情况下，我们不断发现质量工作中存在的问题和质量的薄弱环节，推动质量不断地向前发展。

20 世纪 70 年代，由于产品赔偿责任的迅速出现，人们开始注意到产品安全和有害因素的问题。一旦产品对人身安全和财产安全造成损坏，就需要追究制造商、批发商和零售商的法律责任。在许多发达国家，制造商和批发零售商对产品造成人身安全和财产安全会给予很高的赔偿，这样他们的质量控制和质量管理才能发挥其有效性。

20 世纪 70 年代末至 80 年代前半期，许多企业高管对质量管理产生了浓厚的兴趣，随着市场产品的不断发展，产品质量对一个公司的发展前景以及企业发展的重要性日益明显，提高顾客的满意度得到越来越高的重视。这种思想最初出现在日本企业，日本企业在实践中慢慢地懂得产品质量对企业的创造力和经济效益带来的巨大影响，是提高企业经济效益和综合竞争力的最有力的保证，因此，他们在产品质量方面严格要求自己。20 世纪 80 年代以前，包括政府行政管理、银行、咨询、通信、教育和旅游工业在内的服务性行业中，都不如制造业对质量系统的认识深刻。随后，整个服务性行业对产品质量的研究都产生了很大兴趣。在 20 世纪 90 年代，人们对产品和服务质量的增强意识迅速提高，产品服务管理逐渐形成一个体系，产品质量活动涉及的是整个企业，而不只是和顾客面对面交流的产品销售人员。现在焦点已经由过去单纯地生产或者提供产品和服务转为更广泛的全面质量体系认知。

第三方认证体系是由西方质量保证活动发展起来的，在1959年，美国国防部首先根据质量保证体系规定了两种统一模式，即军标MIL－Q－9858A《质量大纲要求》和军标MIL－I－45208《检验系统要求》，这两种模式都是针对承包商的质量认证体系。承包商需要根据这两种模式编写并实施质量保障体系，美国国防部据此来判断实施情况。这样可以让承包商管理质量体系并自觉遵守规定，极大地提高了他们的积极性。后来，这个方法逐渐被其他的发达国家的相关部门引用借鉴，之后迅速推广到民用产业，从而使认证体系在发达国家迅速发展起来。随着认证体系的迅速发展，产品质量检测审核的内容也逐渐多起来。20世纪70年代后期，英国标准协会开展了质量体系的认证业务，让产品质量管理业务由第二方审核过渡到第三方进行认证，从而减少了信息不对称造成的影响。随后，这种认证活动得到了各方面的好评和支持，产品认证在各国迅速推广开来。1979年，ISO（国际标准化组织）成立了质量保证委员会。1980年ISO又批准成立了质量保障技术管理委员会来进行认证工作。随后完成了ISO9000体系的认证标准，并迅速发展成为世界潮流。进入20世纪90年代后，质量认证体系在各国飞速发展并且内容不断丰富。相继有了ISO9001、ISO14001和ISO28000等管理体系标准，如今，世界各地已经掀起了对质量、安全、卫生和环境管理体系标准的认证热潮。

专栏 2 - 1

公共治理向私人治理转变：第三方规制的产生

传统的行政学理论强调政府组织作为规制的唯一主体，应该如何更好地履行规制职能的问题，注重对公共机构的控制，并执行统一的质量判断标准和行为规则。如迪顿（Deaton）认为传统上是由政府机构主导负责食品安全标准制定和监控食品安全质量。1995年，WTO成立以前，农产品的标准由各国的政府部门提供。统一的公共标准被认为为参与食品和农业市场的主体提供了一种通用的语言（common language）。政府负责检查食品，确认安全性，并向公众提供关于食品安全的保证（Clayton，2003）。因而，传统规制呈现出公共治理的特征，公共机构在其中发挥主要作用，同时兼"掌舵"和"划桨"两大功能。

随着市场的发展，单一规制主体遇到重大挑战。社会上危机事件如食品安全、生产事故等的频繁发生，使得公共机构的规制成效受到质疑。莫斯（Moss，2010）认为，不断发生的食源性疾病证明政府对于脆弱的食品安全规制实践是失败的。治理理论基于此提出了规制主体多元化的要求，许多学者认为"公共服务和职能应由相互依赖的公私伙伴关系来执行（Freeman，2011）"。公私合作成为一种流行的趋势。西方较为成熟的公民社会，提供了规制所需的独立私人参与主体。

经济的发展使得人们的安全需求不断提高，这些需求涉及的领域逐步扩大，规制需求量剧增，专业能力要求越来越高。而公权力规制却面临着财政压力和规制能力、规制容量等的限制，无力满足社会需求。生活水平提高、经济地位分层和消费品种类的丰富，也使得需求趋于多元化，单一的规制标准已经难以满足不同阶层、不同层次的需要。在这种情况下，第三方规制逐渐发展起来。第三方规制不仅仅只是有效地组织、监管市场和贸易的一种客观、公正的技术工具或制度要求，而且通过供应链条，给不同的市场参与主体提供不同的经济和社会信号（implications），促进对人和事（people and things）的重组、改变和规范（Busch，2000）。坦纳（Tanner，2000）认为，第三方规制是现代农产品系统中公共和私人领域的突出和有影响力的监管机制，当零售商们要求他们的供应商提供第三方认证证书时，政府也趋向于支持。第三方规制作为公私合作治理的一种新形式，其中的私人主体发挥了主要作用，因此，这是一种私人治理的形式，成为原有公共治理形式的有效发展和补充。治理理论也由原来的公共治理逐步向私人治理的转变。

资料来源：刘亚平、游海疆：《"第三方规制"：现在与未来》，载《宏观质量研究》2017 年第 4 期。

2.2　第三方认证的国际发展

随着蒸汽机、内燃机和电的发明及使用，社会生产力得到了迅猛提高，达到了前所未有的程度，人类的文明进程实现了跨越式的发展。但是伴随着工业的快速发展，一些恶性质量灾难也相继发生，如锅炉大爆炸、电器失火等。这些质量事故的发生让人们意识到，只进行第一方的自我评价和第二方的验收不能够很好地进行市场交易。这就需要独立于第一方（生产者）和第二方（消费者）的第三方认证机构，用公正、科学的方法来进行监督、公示，以正确有效地指导消费者进行购买。在这样的氛围背景下，出现了最早的认证活动。1903 年，英国铁轨通过了英国工程标准委员会认证并被授予风筝标志，由此开展了认证的规范性活动。

实验室在各国的第三方认证活动中占据重要地位，在做第三方认证检测工作时，我们需要大量具备第三方公正地位的实验室来进行检测。而且不只是在第三方认证检测活动时需要，在市场经济中，同样需要大量的具有第三方公正地位的实验室来检测买方和卖方所签订合同中的产品质量是否符合要求。因此，具有第三方公正地位的、能进行公正认证检测、具有检测资格和能力的实验室的评定被普遍重视起来。1947 年，澳大利亚开了实验室认证的先河，建立的第一个第三方认证实验室——澳大利亚国家测试协会（NATA）。随后，英国在 1966 年成立了英国校准服务局（BCS），向校准实验室提供认可服务。20 世纪 70 年代后，各发达国家相继效仿，建立了各种实验室认可组织。经过不断地探索发展，实验室认可活动如同认证工作一样，在深度与广度上有了快速的进步，为国与国之间消除贸易壁垒、促进贸易发展打下了坚实基础。至今，世界上已经有 80 多家国际第三方认证机构，有 50 个国家建立了实验室第三方认证制度。①

1979 年，英国率先执行了质量体系认证，英国以其本国固有的质量深化标准和质量管理标准来建立质量认证体系。在此之前，对质量体系进行的一系列检查，是质量体系认证的初级阶段。当时，由于以下三种情况的出现，才使质量认证体系得到快速发展：（1）企业生产的新产品需要有认证的依据，而这个依据也要符合国家标准的产品质量认证，而这时国家标准并没有出台。（2）一个企业所生产的产品要去适应各种社会需求，这样就决定了企业所生产的产品是多种类、多型号的，而如果针对这些多种类、多型号的产品，逐一去检查企业所执行的质量体系，非常烦琐也没有必要，企业质量体系的规律变化是很常见的，这时，只需要对企业的质量体系进行检查，然后按照规格型号进行抽样检查即可完成产品质量认证。这样，企业可以先做自己的认证，再完成检验产品的认证，大大增加了方便性。（3）对于那些只有无形产品的企业，只能对他们进行质量体系检查。

然而，体系认证的发展存在着一定的局限性和制约性，每个质量检查体系的认证机构所使用的检查大纲和标准均不一样，这就给产品之间的对比造成了问题，也给用户带来了很多疑惑。1980 年，ISO 为了彻底解决上述问题，成立了第176 个技术委员会，即质量保证技术委员会，1987 年，为了更好地执行质量管

---

① 上海质量管理科学研究院：《认证认可对国民经济和社会发展的贡献研究》，中国标准出版社 2010年版。

理，又改名为质量管理和质量保证技术委员会。该技术委员会在英国 BS5750 标准的基础上组织了 15 个国家质量管理和质量保证专家，历时 5 年，吸取了美国军标 ANSI／ASQZ1.15 和加拿大 CSAZ299 等一些国家标准的精华，于 1987 年正式颁布了国际质量管理和质量保证标准 ISO9000 系列标准。该系列标准体系不仅解决了如何评定企业的质量体系问题，而且还取得了客户信任，同时，也解决了在合同环境下，企业如何建立质量体系国际通用语言的问题。并且这也方便了评审、审核、注册和认证质量体系，企业的质量方针、组织、过程和程序都是用质量手册、质量文件等文件化、标准化的材料来描述的，这就带来了极大的可操作性。因此，这一国际标准一诞生便受到了各国各界人士的广泛欢迎，形成了 ISO9000 认证热潮和以 ISO9000 为依据的质量体系认证与注册热潮。目前，将 ISO9000 作为本国的国家标准的在全世界已有 80 多个国家，并均已开展了质量体系认证。自从出台了 ISO9000 标准之后，相关组织分别于 1994 年和 2000 年进行了两次修订，目前，各国广泛使用的是 2000 年版的 ISO9000 质量管理体系标准。在此基础上，国际标准化组织在 1996 年又正式颁布了 ISO14000 环境管理体系认证标准，在 ISO9000 质量管理体系标准成功普及的基础上，又随之掀起了全球范围的 ISO14000 环境管理体系认证浪潮。

在这四大系列的认证工作中，对认证人员和培训机构的注册工作是最晚出现的一支，这一工作是由认证质量体系注册的发展而建立起来的。在标准用于认证之后，ISO9000 和 ISO4000 这一国际标准，经各国转化为本国的标准之后，各国对标准的解释不尽相同，同时，审核人员所掌握的审核标准尺度也不完全一致，这样就给认证标准的统一和各国之间对认证结果的相互承认带来了很大阻碍，就使得各国开始加强对认证人员和培训机构注册的关注。在 1985 年，由 IQA（英国质量保证研究所）带头组建了 RBA（英国审核注册委员），主要是为了扩大英国在审核人员管理和培训上的影响力，为了加强对审核员的管理，并且在 1993 年将其改为 IRCA（认证审核员国际注册机构）。英国关于认证人员的注册宗旨是确认质量体系审核员的审核能力，使其人员注册受控于独立的注册委员会，根据审核员的从业资历和经历，将审核员分为三级：主任审核员、审核员、见习审核员。审核员也包括从事第二方和第三方的审核相关人员。另外，英国还开展了对培训机构、培训课程以及培训教师的审核和批准工作，使得这一体系日臻完善。此后，美国、欧洲等其他国家、日本、中国、新西兰和澳大利亚等国家也都陆续成立了审核员注册和培训的相关管理机构，并且在各国的基础上，成立了 IATCA（国际审核员注册与培训协会），并提出了对认证培训机构、培训课程和审核员的统一要求。ISO 在 2003 年颁布了适用于质量管理体系审核员和环境管理体系审核员的 ISO19011《质量和（或）环境管理体系审核指南》，用以指导认证机构对审核员的批准认证工作。2005 年，随着国际第三方认证工作的不断发展和国际审核员注册及培训工作的改革，IATCA（国际审核员培训和注册协会）已经转变为 IPC（国际人员认证协会）。

在对培训机构培训课程进行批准认可的同时，ISO 也相应制订了有关认证咨询师注册的指导性文件，许多国家还开展了对从事认证咨询的机构进行登记注册和备案工作，以方便和正确指导企业的相关工作。

自 1903 年 BSI（英国标准化协会）首次推出风筝标志认证以来，国际第三方认证工作已经历一个多世纪的发展，我国的第三方认证活动也走过了近 30 年的历程。认证工作起初由民间自发形成，但是，由于认证市场的宽广和包容，纵使民间从事认证工作的机构纷至沓来，当中不乏有一些确实能够以正规、合理、公正的态度和方法服务于客户，并为其提供有效的第三方认证，获得了一些好的声誉。但是，认证市场里也充斥着相当一部分以营利为目，缺乏应有的专业素质的认证机构，他们视客户的需求和利益于不顾，只一味地去追求利益和金钱，不仅损坏了认证的声誉，还让客户对第三方认证机构缺失了信任，同时也给客户造成了相当的损失。例如，美国就存在着 400 多家认证机构，而在欧洲，具有一定规模的认证检验机构就有近万个。在这样一个认证机构纷繁复杂的环境当中，使客户无从选择，这就非常急切地需要政府进行干预、管理。因此，在这样的情况下，英国政府在 1982 年发表了《质量白皮书》，此书主要针对英国的认证产品在国际市场上声誉和市场份额逐年下降的问题，指出了具体的解决措施，其中之一就是对认证机构建立国家规范认可制度，在英国的认证机构要通过以 ISO/IEC 指南和英国的补充要求为准则的国家认可标准。1985 年，自政府部门、工业联合会等调出了 16 个单位来组成国家认可组织，这些单位通过了英国贸工部的授权，如英国标准化协议组织，而且相应地将 NATLAS（检测实验室认可组织）和 BCS（校准实验室认可组织）合并为 NAMAS（英国测试实验室国家认可组织），并由此形成了国家认可机构和认可体制。1995 年 5 月，英国认证机构国家认可组织和英国测试实验室国家认可组织合并一起成立了英国认可组织，这样可以更好地适应国际经济的发展要求。现今已经有 38 个第三方认证机构在英国从事第三方认证工作，根据其第三方认证的范围大约可以分为四大类：（1）体系认证注册；（2）产品认证；（3）型式批准；（4）认证人员注册。所有的第三方认证机构都有不同的第三方认证范围，有一些只有一项第三方认证业务，有一些有两项业务，也有的认证机构四项业务都可以进行。以实验室对体系的第三方认证为例，目前，英国大约有 17000 多家检验实验室，大约有 300 家经过标准认可的实验室在从事着计量校准工作。

在欧共一体化和英国相关的第三方认证制度的要求之下，欧洲贸易 6 国和欧共体 12 国为了能够自由地进行国家之间的贸易，让产品畅通无阻，建立了各国的第三方认证机构，进行第三方认证机制。许多发达国家也跟着效仿。20 世纪 90 年代，PAC（太平洋认可合作组织）、EA（欧洲认可组织）以及 IAF（国际认可论坛）等区域和国际认可组织相继成立。世界上各国纷纷出台相关的法律法规来成立国家许可的认证机构，目前，已经有 40 多个国家建立起国家第三方认证机构。

在国家建立第三方认证制度之前，只需要第三方认证检验机构之间可以互相认可检验结果即可。因为没有建立相应的国家制度，企业的产品质量检验、检查、认证制度非常多，因此，检验起来特别困难，特别是有些产品要想达到最终国家的认可是非常不容易的。这就需要国家第三方认证制度发挥其作用，各国有各国的唯一认可机构，大家都按照 ISO/IEC 标准来进行认证，对于同一行业的产品来说，同一行业有相同的基础，有谈判的共同语言，这样容易解决问题。20 世纪 90 年代，第三方认证制度逐渐完善，第三方认证逐渐建立了区域和国际上组织之间相互的第三方认证，这样实现了实验室检测、环境管理体系检测、质量管理体系检测认证等各领域的第三方认证。在不足 20 的年里，国际认可活动实现了从国家认可制向区域和国际认可制的飞跃，通过开展国家认可活动，使得"一次认证活动，在世界范围内普遍接受"成为可能。

2.3　第三方认证的国际发展模式

根据市场特征和政府的介入程度以及管理主体的统一程度，第三方认证在国际上的发展大体分为三种模式。

2.3.1　市场推动发展模式

市场推动发展模式主要是根据市场需求来引导认证发展的，以市场需求为导向的。根据目前的理论分析和实践情况来看，市场推动发展模式比较适合自由民主的国家，如美国。

美国所拥有的认证体系是复杂多变的，美国的政府和私人机构等基本都参与这个认证体系。目前，民间的认证活动都侧重于产品和服务，在保护生产商走向市场的同时也保护了消费者的利益，属于自愿性认证。

为了保护公众利益，政府的许多质量认证制度都是强制性认证，以国家的立法形式颁布实施，多侧重于对社会影响大的产品和服务。美国目前操作执行了

50 多项强制性认证计划，其中，就有和人们健康生活息息相关的食品和药品 FDA 认证、交通部的 DOT 认证等，美国还强制性规定了一些产品只有通过了特殊认证机构认证后才能在市场上销售。美国认证的三大体系是联邦政府、地方政府和民间的认证体系，美国承办的认证组织机构大多是非营利性的。

联邦政府的认证体系是由相关的政府机关进行运作实施的，联邦政府设有专门的监督、管理的第三方认证机构，这些认证机构接受联邦政府的认证委托来对产品进行认证，合格后颁发证书。

除了进行认证的联邦机构，各州政府还有其他一些不同类型的方案，这些方案可以对许多不同的产品实施，各州出于安全考虑会管制产品的自主权，由各州根据不同产品对本地居民的健康和安全的影响来决定管制方法。进入各州的产品可以由各州政府进行相应的实验室检测或者要求某一产品必须由某一认证机构进行检查认证。各州政府还对其采购的原材料、产品、服务进行测试认证，如各州的公路建筑材料。但是，各级政府有时候只负责制定标准，让下级地方政府具体实施。

2.3.2 政府主导推动模式

政府主导推动模式是以政府遵循市场经济规律为前提的，努力构建一个工作发展的平台和链条，这个平台有能力吸引多种主体参与。首先，政府主导推动模式的特点表现在完善标准体系来合格评定第三方认证工作；其次，进行合理统一的规划、统一领导、合理设置机构和分工协作、统一协调、统一服务，以便促进第三方认证标准化的沟通合作和促进第三方认证的标准化服务和科技成果的转化。日本和印度是政府主导推动模式的代表国家。

日本政府的管理认证工作是其国家政府自主管理进行的，政府各部门各自管辖某些产品的质量和服务认证管理，并使用自主研发设计的认证标志，通产省是日本进行认证工作的主要部门，目前，在通产省进行认证的产品占了日本国家产品认证的90%左右。通产省的工业制品和矿产品的认证是由其工业技术院标准部进行的，1949 年，日本发布经过六次修订的法律文件《工业标准化法》。和多数国家的产品认证制度一样，日本的产品认证制度也分为强制性认证和自愿性认证，强制性认证主要是和人们健康生活相关的日用品、煤气用具、液化石油气、电器产品的四种认证。只有经过通产省的认证检查评测，通产省确保其产品质量和管理体系合格后，才会颁发其认证证书，让企业使用认证标志，企业还需要在使用中接受监督检查。此类需要强制性认证的产品没有通过认证检查或没有认证产品标志的，法律不允许其进口和销售。日本的自愿性认证适用于产品或者加工技术。

1955 年，印度开始进行政府主导推动模式的产品认证。印度统一了产品认证体系来确保产品的质量安全，和日本相似，强制性认证的产品都需要获得产品认证证书才可以在市场上进行销售，并且在产品上面必须贴有认证标志。与大众消费有关的公共服务类都是强制性认证范围。除了上面的产品，印度的产品认证多数是自愿性的认证。

2.3.3　协同推进发展模式

由市场推动发展模式和政府主导发展模式进行的混合模式即为协同推进发展模式。协同推进发展模式最初是市场推动的发展模式，随着政府主导作用的加强，逐渐形成的新型发展模式，英国和欧盟是其发展模式的主要代表。

最早建立国际认证标准的是英国，英国的发展体系相较于其他国家来说比较完善，许多发展中国家甚至发达国家都会借鉴他们的认证制度。最初，英国的第三方认证产生于市场经济活动中，由市场推动发展起来的，随着市场经济的发展，出现了很多问题，如标准体系不健全、人们的产品质量和服务得不到保障等。1955 年，成立了英国国家第三方认证机构，通过这种模式可以对英国市场上的产品进行统一规划、统一协调和服务。如今，英国政府的第三方认证活动都有相关的法律来规范，这些法律包括企业法、商业法、工业法等。政府主要通过集中管理第三方认证机构来对第三方认证进行监督检测。

欧盟最初建立认证体系是为了统一各成员国的标准规定，让产品能在欧盟各成员国之间畅通无阻地销售。现在已经形成了一套相对完善的认证标准体系。符合欧盟认证规定的产品要想在欧盟市场上销售都必须贴加欧盟标志，即 CE 标志，欧盟的质量认证 CE 标识最初实施是在 1985 年，现在已经有 25 个欧盟指令。在欧盟市场上销售的产品需要经过第三方认证机构的认证，在原则上可以自行设计贴加标签，但是，必须要提供认证证书等。

2.4　我国第三方认证的引进

改革开放以前，我国实行计划经济体制，一切向苏联社会主义看齐，对产品质量的评定也是借鉴苏联经验，对产品实施严格的合格证制度和抽查制度。而如今，我国的第三方认证体系经过了一个漫长从无到有、从不完善到逐渐完善的发展过程，从刚开始实行第三方认证体系，第三方认证工作就开始发挥了作用，不仅确保了产品的质量，指导了消费的方向，而且还保护了环境质量、促进了外贸交易等。20 世纪 70 年代，伴随着改革开放的深入发展，我国的第三方认证体系在不断地走向完善、完备，对国民经济和社会发展的影响力也在不断增强。我国的第三方认证制度虽然起步比较晚，但是，发展却是非常迅速，我国的第三方认证的发展可以分为三个阶段。

第一阶段，我国第三方认证工作最初的起步阶段。1978 年 9 月，我国加入国际标准化组织，我们逐渐意识到第三方认证可以对产品和服务进行有效监督管理，让人们对产品更加放心。1981 年，我国加入国际电子元器件认证组织，并同期成立了中国第一个产品认证机构——中国电子元器件认证委员会，开始了认证试点工作，这意味着我国正式开始借鉴西方先进的第三方认证体系。20 世纪 80 年代中期，我国开始慢慢建立并广泛推进对各种产品的认证制度，这些认证制度包括和人们生活息息相关的食品、医疗保健、家用电器、娱乐等产品的认证制度。这些认证制度的实行需要国家商品检验、技术安全等部门的监督管理。在这一时期内，我国逐渐形成了产品质量认证管理体系，并进行了产品质量的有效监督，也同时促进了国际贸易的发展。由于我国的第三方认证制度的起步具有着特殊的时代背景，起步于计划经济年代，发展于计划经济向市场经济的转变时期，是在改革开放初期由不同部门分别引入的，因此，早期在各行业中发展也不均衡，其发展很大一部分是受到了计划经济体制的制约和影响。随后，在国际市场经济的大背景下，我国的第三方认证事业才逐渐得到社会各界、各部门的重视，第三方认证事业才能发挥其作用。这时，有很多比较突出的问题来了。我们一些政府机关部门和相关的组织机构的办事流程方法和思想观念在很多方面不适应市场经济，不符合相关的国际标准，存在一些认证方面的问题，如存在政企不分、监督不力、重复认证等现象，这些问题对我国的市场经济和认证体系造成了很大危害，不仅混乱了市场秩序，还让认证工作由于缺乏信用而在人们心中的信誉越来越低，这也使得认证监督机构管理认证市场的难度加大。由于认证工作体系不完善，认证工作没有落实好，这让一些国家对我国的外贸企业产生反感，对我国的出口产品有抵制情绪，严重影响了我国外贸企业的出口，也损坏了我国出口企业在国际上的声誉，阻碍了我国企业参与经济交流的进程。随着国际经济的不断发展，我国和其他国家的合作越来越密切，为了适应全球一体化，我们亟须完善我国的第三方认证体系制度来提高产品在国际上的竞争力，我们需要调整经济结构，这也是我国更快地适应国际背景的大环境下，更快完善社会主义市场体制的需要。

第二阶段，我国第三方认证工作全面发展的阶段。随着我国经济的发展，市场第三方认证所起的作用越来越重要，党中央和国务院越来越重视第三方认证工作，国家意识到第三方认证需要统一的管理。因此，在 1991 年，国家颁布了《中华人民共和国产品质量认证管理条例》，标志着我国的质量认证工作由试点转向全面推行的新阶段。在这一阶段，除了对国内市场进行全面的认证工作，在管理体系认证领域也取得了重要进展。1992 年 10 月，原国家技术监督局按照同等原则发布了 GB/T19000 质量管理体系系列标准，并在全国范围内进行宣传贯彻。1996 年，ISO14000 环境管理体系系列标准发布后，我国将其同等转化为 GB/24000 系列国家标准，并于 1997 年成立了中国环境管理体系认证指导委员会，负责统一指导和管理我国的环境管理体系认证的宣传、实施和推广工作。1999 年，原国家经济贸易委员会参照 OHSAS18001《职业健康安全管理体系规范》的要求，于 1999 年 10 月发布了《职业安全卫生管理体系试行标准》，并在安全生产领域内实施职业健康安全管理体系认证活动。这一时期随着第三方认证事业在我国的广泛开展，第三方认证制度得到了快速发展。

　　第三阶段，我国统一建立了第三方认证制度。在这一阶段，我国成功地建立了第三方认证制度和管理体系，其标志就是国家成立了认监委。在这一阶段，我国建立了强制性和自愿性的第三方认证制度，完善了第三方认证体系，成立了第三方认证机构和组织。而且随着第三方认证体系的完善以及国家对第三方认证机构的有效管理，第三方认证全面发展，它的功能在很多方面都有所彰显。

　　2001 年 4 月，为履行我国加入世界贸易组织的承诺，我国成立了国家第三方认证监督管理委员会并建立了第三方认证部际联席会议制度，第三方认证制度由管理委员会进行统一管理监督认可工作。2002 年 5 月，我国正式实施了强制性产品认证制度，该制度统一标识，统一收费，统一适用于国家标准、技术规则和实施程序，实现了产品认证的一致性原则。2003 年 11 月，国务院颁布实施了《中华人民共和国第三方认证条例》，该条例充分总结了我国的第三方认证工作，建立同时适应国际规则和我国实际国情的第三方认证制度。2005 年 9 月，我国的认证协会成立，这标识着具有中国特色的第三方认证体制进一步完善起来。2006 年 3 月，为了适应国际经济快速发展以及国际认可组织的要求，我国建立了统一的认可机构国际准则。

　　截至 2010 年 4 月 12 日，我国已有 20 部法律中明确提到"第三方认证"，这 20 部法律分别为《中华人民共和国食品安全法》《中华人民共和国消费者权益保护法》《中华人民共和国消防法》《中华人民共和国安全生产法》《中华人民共和国产品质量法》《中华人民共和国节约能源法》《中华人民共和国农业法》《中华人民共和国建筑法》《中华人民共和国反垄断法》《中华人民共和国农业机械化促进法》《中华人民共和国职业病防治法》《中华人民共和国农民专业合作社法》《中华人民共和国电子签名法》《中华人民共和国进出口产品检验法》《中华人民共和国对外贸易法》《中华人民共和国清洁生产促进法》《中华人民共和国农产品质量安全法》《中华人民共和国药品管理法》《中华人民共和国反不正当竞争法》《中华人民共和国政府采购法》由此可见，第三方认证应用之广和社会影响之大。但是，各部法律之间都有各自规定，这就要求专门一部权威的法律出台，针对第三方认证在各个领域的应用做出权威性法的律规定。

2.5 第三方认证机构在我国的发展

改革开放以来，我国经济迅速发展，国际贸易也快速增长，我国与世界各地的经济联系日益密切。许多企业不再满足于国内市场的竞争，非常盼望能够在国际市场的大舞台上拥有一席之地。特别是在 2001 年中国加入 WTO 以后，国外对我国的关税壁垒逐个打破，这就为我国的产品出口获得更大商机。然而，"绿色壁垒""技术壁垒"等出口限制成为中国产品出口最隐蔽、最难对付的障碍。从相关外经贸部门得知，中国企业近几年每年约有 400 亿美元的出口产品受到国外各种各样的贸易壁垒的技术性限制。以食品为例，在每年被美国海关扣押的食品中，并不是所有的产品都是质量不良，有约 25% 的产品仅仅因为标签不符合《美国食品标签法》的规定而遭到退货或销毁的。这样，企业如何获得进入国际市场的通行证，已成为越来越多的企业所共同面对的问题，进入我国市场将产生的巨大的利润空间，这引起了众多国际权威认证机构的关注，并且有越来越多的国际权威认证机构进驻我国。与此同时，为鼓励我国企业开展标准的技术和质量认证，我国政府和外经贸部门也推出了一系列办法。

国际权威认证机构看到我国第三方认证市场的巨大潜力，纷纷来到我国设立认证公司及办事处机构。这些国际权威认证机构的分支机构最先登陆的是我国东部沿海城市，以京津唐地区、长三角、珠三角为中心向沿海城市延伸。如英国的 INTERTEK、瑞士的 SGS、德国的 TUV、法国的 BVQI、美国的 UL 等世界上最负盛名的独立第三方产品安全检测认证、质量管理体系认证的权威认证机构已在我国大连、天津、青岛、上海、宁波、温州、厦门、深圳、广州等城市设立分支机构。这些分支机构也构成了我国第三方认证机构体系，在国际上也有较好的声誉。

随着经济的发展和国际经济大环境的影响，我国的第三方认证制度飞速发展，经历了一个从无到有的过程。但是，由于认证工作是由多个部门分别管理来进行自己的管理认证工作的，这样的做法虽然推进了第三方认证的发展，也造成了监管不到位、多重标准不统一、政企不分等问题。

20 世纪 90 年代，由于原国家进出口产品检验检疫局和原国家质量监管局对进出口的产品分别按照质量许可制度和安全认证体系这两个不相同的体系进行了检测，造成了对同一产品由两个不同的认证体系进行认证并分别张贴两个不同的标签，对同一产品执行了两种不同的标准，进行了两次认证和两次收费。这不仅引起了国内企业的不满，还在国际上造成了不良影响。

2001 年 11 月，世界贸易组织接纳中国加入 WTO，根据 WTO 的协议规定，为了让各成员国之间更好地交流，产品能更顺利地进出口到不同国家，各成员国需要以正当目的制定正当有效的法律法规来减少贸易障碍。所谓的"正当目标"就是要各成员国能够保护人们的健康、对动植物进行保护和防止欺诈行为，这是为了国家安全着想。但是，在加入 WTO 的第三年，即 2004 年，我国对现有的国家标准做了调查研究，调查显示，在 2952 项强制性的国家标准中，有占总数 54.61% 的 1612 条指标超出了 WTO 规定的正常指标，即有超过一半的强制性标准违规。同时，标准制度体系还不完善，我国的第三方认证制度还存在着很多问题，有些标准内容已经非常陈旧、有些标准水平也较低，很多标准已经不适应现在经济的发展的需要，这样造成我国的认证标准和国际上先进的认证标准差距很大，对我国和国际经济接轨造成了很大影响，不利于我国企业参与国际贸易和国际经济合作。

我国第三方认证不仅在标准体系上不完善，在法律法规职责规定上也很落后，这些问题造成了第三方认证体制的不健全，甚至造成了第三方认证的混乱。在我国法律体系中，对于第三方认证法律法规责任方面做出规定的法律就有《认证违法行为处罚暂行规定》《产品质量法》《第三方认证条例》等，这些法律法规对违法行为的处罚力度不足，对违规法律责任做出的规定不严厉。认证机构的工作不到位，没有对产品的质量管理和服务进行相对客观公正的评测，对认证市场造成了非常不好的影响，损害了认证工作的声誉，造成了认证市场的混乱。如果我国的法律不能对认证市场责任做出有效制定，必然会导致认证市场的混乱，影响我国认证行业的全面发展。

我国的认证行业监管体制也很不健全，存在很多不足之处。在克服认证监管机构"九龙治水"和机构重新改革的大背景下产生了国家第三方认证监督管理委员会，后来，成立了认监委，除了几个少数部门（如药监局）以外，多数第三方认证的权限都归由认监委。但是，虽然认监委成立了，还是没有政企分开，政府还是在从事着具体的认证工作，相关行政部门也在第三方认证中承担着很大工作。对于行政机关来说，他们主要进行有关审核认证机构是否具备资质的行政监管，并干预国家的相关法律法规的执行情况等。一般来说，行政机关采取的行政措施有要求认证组织机构报告认证业务情况、对非法的认证机构进行检查规范、对认证机构的认证结果进行检查监督等。要想设立一个国家级别的认证机构，不仅需要得到相关行政管理部门和民政部门领导的批准，还需要经过监管行政部门的监管。因此，行政监管在我国认证行业非常重要，但是，需要社会监督和信用评价的社会监管却没有发挥它应有的作用。

由于我国开展技术第三方认证工作的时间不长，企业和产品的认证种类、数量以及认证的标准、组织机构等和世界发达国家存在着一定差距。第三方认证机构在我国的发展经历了从无到有、从残缺到健全、从单一业务到多元化业务的阶段。目前，我国的第三方认证还没有在国际上有影响力的认证品牌，即使在国内有较大影响力的 CQC（中国质量认证中心）和 CQM（方圆标志认证集团有限公司）做出的有关认证在部分国家贸易往来中也没有得到国际上的全部认可。

很多的国际认证机构看到了我国第三方认证行业的可观的利润空间，逐渐进入我国市场，且目前都处于较好的发展阶段，这些国际第三方认证机构凭借其强大的品牌影响力，占据了目前我国第三方认证市场的极大份额，且每个机构的业务侧重点不同。英国的 INTERTEK 是我国比较著名的第三方认证检验机构之一。1989 年，在深圳成立合资公司，主要做纺织品检测，是进入我国市场的第一家外资检测机构。随着业务的增长，检测的范围也日益扩大，目前，在我国的五个主要事业部为政府服务、风险管理、商用电子电气、消费品服务、石油化工农产品服务。德国的 TUV 莱茵于 1989 年进驻中国市场，包括 TUV 莱茵、北德 TUV、南德 TUV 这三家子公司，南德 TUV 于 1993 年进入中国，北德 TUV 于 1999 年进入中国。2007 年，经过并购和重组，目前主要是 TUV 莱茵和南德 TUV 在中国的业务比较明显，主要有汽车认证和医疗器械认证。美国 UL 安全检测实验室在 2003 年 1 月与中国进出口产品检验总公司共同建设合资认证公司——UL 美华认证有限公司，实验室可以安全测试视听产品、家电、照明、信息技术设备、电动工具、马达等产品。瑞士的 SGS 主要包括消费品、汽车、矿产、石油、农业、政府及公共机构服务部的服务业务。法国 BVQI 主要以体系认证为主。

第三方认证机构在我国的迅速发展，除了我国在认证市场领域的巨大潜力这一因素，环境问题和我国国际贸易的增长也是第三方认证机构在我国迅速发展的重要原因。如今，环境问题已成为全球关注的焦点，欧盟、美国、日本等纷纷制定出保护环境的法律法规，法律法规设计范围广且得以严格执行，这会对我国的出口企业带来更高的要求。例如，2006 年 7 月，关于在电子电器设备中限制危害物品使用的 ROHS & WEEE 指令已经在欧洲实施，2006 年 7 月以后，进入欧洲市场的所有电子产品都需要遵循 ROHS & WEEE 的要求，目的是在电子产品中禁止使用危害环境的材料。我国的第三方认证检测机构推行了有关 ROHS 的检测，为我国的电子生产企业提供了专业的检测和相关的测试报告，这可以让我国产品顺利出口到欧洲市场。国外的购买者会考虑第三方机构对我国出口产品的检测结果，权威的第三方认证会帮助购买者增强信心。此外，我国的国际贸易迅速发展，中国产品获得了更多的出口机会，同时，承担了更多的质量许可、体系认证、产品认证咨询等方面的压力。企业在面对这些挑战和压力时，第三方认证机构会帮助企业解决这些问题，寻找必不可少的可靠伙伴和有力支持。

随着经济的发展，进入 WTO 后，我国的企业认证需求迅速增长，随着我国企业的认证需求增长，第三方认证机构在我国发展中的布局会有所变化。将来认证机构会由沿海一些经济发达的地区逐步发展到全国。因此，国际上的认证机构发现了我国巨大的市场空间，加快了进入我国市场的步伐，国际认证公司需要解决的问题有很多，例如，怎么提升品牌的形象、整合业务、调整业务方向。国际上的认证机构在全球都有良好的声誉和悠久的历史，他们可以帮助提高全球客户的市场地位。我国认证行业在激烈竞争中取胜的关键是强化公司的核心竞争力。第三方检测机构在我国业务的发展方式将会是推行一站式的服务，如果认证机构能够提供进行多种检测、能够全面地进行认证，那么企业就不需要为了一个产品的认证跑很多认证公司进行认证，这会节省很多人力、物力、财力。另外，国际上第三方认证机构需要加强和我国的认证机构的合作，凭借着国际认证机构的国际经验和人才优势，建立合资公司进行合作经营，与我国的政府机构合作进行新标准体系的研究。这些新的标准体系不仅需要结合我国的基本国情而且要符合国际标准。随着我国社会经济的迅速发展，建立了许多新的标准体系，这些认证都不是终身制的，都需要进行定期的测试评估认证。因此，认证的市场是广大、潜力无限的，国际和国内的认证机构都要发挥出自己的优势，合理开发市场。合资公司为国际买家进入中国市场建立了联系，又为中国企业走向国际提供了服务。我国的认证市场潜力巨大，国际认证机构在我国的认证市场上会有很大的发展空间，要让国际权威机构在中国的市场更具有竞争力，就需要树立起品牌战略和本地化策略，要把国际上的先进管理理念和方法传递给中国的企业，为中国产品扩大出口提高竞争做出贡献。

我国的第三方认证经历了从无到有、从有到多的发展阶段，今后将进入由多到好、由多到强的发展阶段。而实现由多到好、由多到强，首要任务就是培育和发展出我国第三方认证的品牌，并提高我国第三方认证的品牌信用。

第 3 章

信息不对称条件下品牌的
"信号"功能

市场各类人员在参与市场经济活动中，对相关信息的了解是存在差异的。掌握充分信息的市场人员往往会比掌握信息贫乏的市场人员所处的地位更有利。一般来说，卖方比买方掌握了更多对相关产品的信息。当市场的参与者和决策者对产品和服务信息了解程度不一致的时候会造成信息的不对称，这种不一致很大程度上是因为信息发出方发出的信息无法被信息接收方进行验证，一方面，信息接收方无法进行验证的结果是信息发出方不会发出所有信息，也就是说会有意隐瞒部分信息；另一方面是即使信息发出方发出了信息，信息接收方本身也无法加以准确辨别，那么信息发出方就会有"机会主义"行为的可能，就有动机发出不可靠信息来"忽悠"消费者。

3.1　信息不对称对消费者选择的影响

信息不对称在现实的市场经济活动中普遍存在，例如，企业和消费者之间不仅存在着时间、空间上的分离，还有产品的成本、工艺、技术等环节的分离。在这种生产者和消费者之间存在诸多分离的状态下，生产者控制了产品生产的整个过程，不管是对生产过程中的原材料消耗还是技术、人力投入都非常熟悉，因此，生产者对产品的各方面属性都比消费者要了解得多。并且出于对利益的追求，他们会有意识地减少某些信息的传播，充分利用这些不对称信息，甚至会制造更大程度的信息不对称。而消费者由于知识和时间精力等方面的原因不可能了解产品所有的信息。并且随着社会的发展，产品的种类逐渐增多，技术含量也越来越高，工艺流程越发的复杂，很多的产品指标信息现在只能依靠专业的检测技术才能取得，在上述信息的占有上必然属于劣势的一方。

随着经济的发展，人们的生活水平普遍有了较大提高，人们对产品信息的需求也逐渐多样化，在种类繁多、琳琅满目的选择面前，信息不对称也在逐渐加深。在市场交易过程中，如果无法做到 "知己知彼"，也就是说，当市场交易双方无法同等地观测监督彼此的行为活动或者无法完全获知彼此完全信息的情况下，就会产生信息不对称的情形。而信息不对称对市场的影响在于，信息不对称经常会造成掌握产品信息较多并占有优势的一方为了经济利益会做出一些机会主义的行为，例如，最常见的就是生产者会因为有 "被发现的概率较低" 的心理而弄虚作假、以次充好，产品信息掌握较少而处于劣势的一方则在交易中就会进行逆向选择，这两种行为的直接后果误导了市场交易，扭曲了市场的资源配置，造成了市场失灵。

在当今知识和信息爆炸的时代，互联网的普及既带来了信息的便利，也造成了信息的过量和冗余。信息传播的高速度和大容量，加大了消费者进行市场信息识别的难度和成本，从以前的 "信息发现" 困难到现在的 "信息识别" 困难。这表明市场并没有因为互联网信息的快速传播和表面上的市场信息透明度增加而减少信息不对称。我们的现实社会一方面是信息爆炸；另一方面则是更为严重的信息不对称。

要减少不对称，市场主体中的企业和消费者等都需要付出成本。消费者在市场上由于信息的占有量少而处于劣势地位，消费者为了减少决策风险、降低信息不对称造成的损失，他们会从理性出发，尽可能多地收集产品信息。但是收集信息是需要成本的，收集信息的成本包括信息收集成本、信息加工成本和决策风险成本。理性的消费者一定会把收集成本控制在小于不对称信息所造成的损害。否则成本就会大于收益，决策的净收益为负，因此，成本过大会导致消费者取消该购买行为。消费者会对市场中相关的产品信息进行搜索，建立备选集，这其中就会产生交易成本；然后在备选集中选择能够实现消费者效用最大化的产品，这个过程产生的费用我们称之为选择成本。在这里我们把交易成本和选择成本统称为搜索成本。信息不对称导致的成本加大萎缩了市场需求。信息不对称程度越大，单位收益的搜索成本越高。正如图 3 - 1 所示，当信息不对称程度为 a_1 时，搜索成本为 a_2；当信息不对称程度为 b_1 时，搜索成本为 b_2；当信息不对称程度为 c_1 时，搜索成本为 c_2。

一般来说，交易成本和选择成本是边际递增的。当用到的时间较少时，消费者可以抽出空闲时间和多余精力的一部分就可以进行粗略的市场搜寻研究，来做出简单的最优化选择，单位时间和精力的机会成本较低。而如果消费者要进一步扩大搜索或者是在更大的备选集中选择能够实现效用最大化的那个产品，则会占用一些本来有重要事情安排的时间和精力，搜索所占用的时间和精力的机会成本是逐渐递增的。另外，无论是在实体经济还是在网络经济，消费者通常都是从比较繁华的中心地带向相对偏远的地区搜索，随着搜索范围的逐渐增大，消费者需

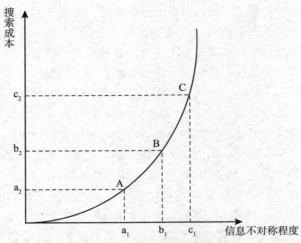

图 3 - 1　搜索成本与信息不对称程度成正比

要去相对偏远和知名度相对较低的区域，这时相同的单位收益所耗用的时间和精力会更多，成本自然更高。从另一个角度看，起初单位成本的搜索收益的增长速度是较快的，在搜索进行一定阶段后，搜索收益的增长速度却慢了下来。因此，消费者虽然通过搜索可以得到信息，但想要让信息完全对称却是不理性的。随着信息搜集范围的加大，单位搜寻成本会越来越大，从而大于获得的收益。于是我们可以得到图 3 - 2。

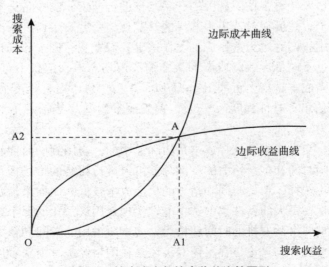

图 3 - 2　搜索成本与搜索收益比较图形

根据假设和图形可知，在 A 点之前（从 O 到 A 的区域），搜索的边际成本小于搜索的边际收益，在这种情况下，进行扩大搜索是理性的；在 A 点之后搜索边际成本大于搜索的边际收益，在这种情况下，进行扩大搜索则是不理性的；因此，点 A 就是搜索的最佳决策点，作为理性的消费者寻求的是 A 点，而不是信息充分点，即不是最大点。一方面，消费者在有限的知识和有限的产品信息条件下，很清楚自己不可能掌握全部信息（一是基于消费者的认知能力；二是基于信息搜集的成本和收益分析），他们也就不会去试图掌握全部信息，消费者只能根据部分信息做出自己的消费选择。另一方面，信息不对称固然不利于买方，同时也会损害卖方的利益，虽然生产者处于信息优势方，但是由于信息的不对称，不管多好的产品如果不和"注意力"相结合，也不会创造出市场价值。顾客只会买他们知道并且信得过的产品，而无法选择世界上最好的产品。可见信息的获取效率或者传递效率的高低直接决定着市场交易能否得以顺利进行。备选集建立起来之后消费者要从中选择能够实现效用最大化的那个产品，这个最优化实现的过程才是市场交易得以实现的过程，而这个过程产生的费用我们称之为选择成本。选择成本和购买效率成反比，选择成本越高，购买效率就越低。如果有一种信号或者"符号"能够成为消费者购买的依据，成为消费者不假思索进行购买的理由和利益点，那么该信号或者"符号"必然能够降低选择成本，提高购买概率。那么对于有这样功能的信号和"符号"的生产者是有足够的动力来传递和培育的。

3.2　品牌的"信号"功能分析

根据斯宾塞的信号传递理论，在信息不对称的情况下，企业会主动向消费者传递有关其产品质量及特征的信号。这种"信号"我们归结为品牌。作为经济学意义上的品牌概念由孙曰瑶教授给出，品牌这种专有信用符号通过把目标客户的购买意向转变为自己的优势，降低他们的选择成本并且与客户产生情感上的共鸣，同时，品牌能给企业带来丰厚的市场收益。品牌存在的最根本意义在于能够通过提供有效的市场信号来降低选择成本、提高选择效率，产品中普遍存在的信息不对称让品牌的存在显得必要且重要。品牌信用就是拥有品牌的相关企业或组织向消费者提供承诺，并且在客观上履行承诺的行为和能力，即为品牌传递给消费者的一种信用。品牌还是一种符号，是一种有信用的标志，品牌信用意味着制造商和企业对消费者做出了一定程度上的承诺，并有能力履行该承诺。从某一方面来说，人们对品牌的追逐和崇拜，正好说明了品牌产品较一般产品提供了更安全可信的信息，这样就降低了消费者的选择成本，使得消费者从备选集中实现效用最大化的最优化选择变得简单。

经济学意义上的品牌，是与目标顾客达成利益均衡的，从而降低其选择成本的排他性品类符号。所谓利益均衡，就是品牌所代表的物质或情感利益，正好是目标顾客内心所需求的，从而使目标顾客不假思索、愉快且持久地选择。品牌有显示信号和产品信息传递的功能，品牌可以在消费者决策时提供一种"符号"，降低消费者的选择成本，提高选择效率。品牌是可以把目标消费者的买点转换为自己的卖点来减少其选择成本，并与目标消费者的情感产生共鸣的一种专有的信用符号，品牌能让品牌所有者获得持续的市场收益。特别是那些有能力提供优质产品的生产商，他们更有必要向消费者发出一些"信号"或者提供一种有信用的品牌"符号"来表达自己产品在性能、质量、安全等方面的优势，从而避免信息不对称导致的消费者"逆向选择"的影响。这样的信号显示和"符号"决定着企业在市场经济中的生存和发展。

在信息极为不对称的情况下，消费者掌握的产品信息比较少，他们会倾向于选择品牌产品来降低信息不对称造成的影响，进而减少损失。品牌带给消费者的利益，除了减少其选择成本、提高选择效率之外，还带给消费者安全上的依赖和诸多情感上的共鸣。因此，消费者从品牌中获得的既有物质收益也有情感收益。为什么人们都偏爱法国的香水、意大利的皮具，为什么女士们会喜欢香奈儿，男士们都喜欢瑞士手表而不是那些名不见经传的手表？事实上就香水本身的质量和气味以及瑞士手表的外观和功能而言，其他品牌的产品与前者并无本质差异，但是，消费者在选择时倾向性却非常明显。在研究所的一项关于水果酱的调查中，很多测试者在盲测过程中品尝了6种不同牌子的水果酱，在不告知其水果酱品牌的情况下，他们更喜欢某种没有牌子的水果酱的味道，但是把这6种水果酱的品牌告知被测者，他们又重新尝试时，他们则表示更喜欢知名牌子产品的味道。这项研究结果还表明，品牌可以影响到消费者喜好甚至是"味觉"，由此可见，品牌会对消费者的购买决策造成很大影响。

我们看一下英特尔（Intel）的品牌营销，在1992年"Intel Inside"推出广告之后的一年，英特尔的全球销售迅速增长了63%，采用英特尔处理器，电脑的销售量增长迅速，而市场上不用英特尔处理器的电脑却需要折价处理。当很多人依据"奔Ⅲ""奔Ⅳ"的"符号"进行选购的时候，其实大多数人都不清楚这个中央处理器到底是怎么运行的？是一个什么样的工作原理？相较于其他商家的处理器有什么不同？尽管工作技术人员会不断地向消费者解释，但是，消费者依然不清楚"微处理器"到底是什么东西。在英特尔做的广告中，英特尔并没有告诉消费者自己的"微处理器"比别的品牌的处理器好，但是，消费者依然趋之若鹜。

品牌就是一个强有力的信号，该信号可以通过某种名称、记号、图案或其他标识来让消费者识别某个产品或者企业。如果没有品牌，生产商就很难在产品种类繁多、琳琅满目的市场上吸引到消费者的注意。正如 CCTV 在 2011 年做的广告中描述的那样，如果没有品牌，对消费者来说世界就没有色彩、没有标识、没有方向，也就无从选择。品牌具有鲜明的外在表现形式和强大的企业精神，品牌可以向消费者展示企业的经营理念、文化内涵和时代精神，品牌可以展现对消费者的尊重等。因此，品牌产品除了自身质量、性能、安全方面，还包含了所生产的产品的文化背景、情感寄托、品味或者时尚等一些更重要的心理元素，品牌可以给消费者提供比一般产品更多的价值。品牌是企业的无形资产，它体现着一个企业的精神理念和凝聚力所在，能成为消费者在市场中选择的依据，从而让企业在相当长的时间内都有竞争优势。

品牌就像一座架在企业和消费者之间的桥梁，起到沟通买卖双方的作用。为了降低购买风险、减少选择成本，消费者更倾向于购买品牌产品。消费者会将品牌看做企业的"身份证"，是企业对产品性能、质量和安全等方面的保证，这样在长期的购买过程中，消费者也习惯于把品牌和产品的内在属性、情感印象结合起来，让品牌能够成为传递产品信息的主渠道。品牌可以降低信息不对称所造成的影响，把企业的产品信息传递给消费者，让消费者对该"符号"产生信任，形成品牌信用，品牌信用既有利于企业的发展壮大和企业竞争力的提升，也有利于降低消费者的选择成本，从而提高其选择效率，节约社会资源，有助于建立社会信用体系。品牌是一种对生产者、消费者双方和整个社会都有利的"多赢模式"。通过对市场的调查显示，消费者对品牌信用度高的企业产品的支付意愿更高，愿意支付比一般企业产品的价格高 20% 以上。

3.3　第三方认证在品牌信用建设中的功能

消费者对某种品牌的信任是通过自身的社会活动来获取和信任相关的信息而不断建立起来的。而这些信息的获取很多是通过消费者的间接学习，也就是说他人的消费体验会影响到消费者对某个品牌的态度。如果 A（个人、组织、机构）能证明 B 产品是好的，其他消费者也会因为对 A 的信任而产生对 B 产品的信任。我们把这种不是消费者亲身体验而也能获取到的对品牌的信任称之为信用转移机制，也就是说品牌信用是可以转移的。麦克奈特、卡明斯和彻威尼（McKnight，Cummings and Chervany，1998）在研究初始信任的时候，也指出企业和消费者互相之间的信任不一定非要亲身经历。

消费者信任的实体可以确定为消费者和企业之外的第三方，我们可以将第三方关于某个品牌的可靠性和对该品牌承诺实现程度的看法定义为品牌声誉。品牌声誉可以在消费者之间进行快速、有力地传播。通俗地说，当一个人名声好，其他的人无需搜集其他的证据就可以迅速对此人建立起信任，同样，一个品牌信用度高、声誉好，消费者也无需亲身体验即可快速建立起对该品牌的信任。特别是在信息不对称的条件下，一方面，由于生产者会隐瞒产品的部分相关信息；另一方面，又有倾向于夸大产品的部分信息的嫌疑，这让消费者在购买的过程中自然而然地会怀疑企业自身发布的信息。于是消费者更倾向于相信独立的第三方，会因为第三方的相关证明而相信某个品牌。

第三方可泛指除消费者和企业之外的第三方机构、组织、团体或者个人。特别是当第三方为权威机构时，权威机构对品牌的认证或代言可以大大提高该品牌的信用。通过第三方认证评价机构认证的诚信单位会更具有社会公信力，有利于市场的开拓和销售，有利于快速达成合作协议，有利于降低消费者的选择成本、提高选择效率。第三方认证是指某种产品或服务、过程经过鉴定后符合特定的标准和规范的活动，它具有独立性、权威性，由交易双方可以充分信任的第三方机构来证实。例如，当第一方（供方或卖方）生产出来的产品第二方（需求方或买方）难以判定其质量因素是否符合相关标准和规范的情况下，可以由第三方认证来判定。我国古代伯乐相马的寓言恐怕是我国最早利用第三方认证的实例了。据说有个人想卖一匹宝马，但是，没有人真正识得此马，便求伯乐前去小视一番，伯乐的到来意味着权威的证明，不到一天，马的价格便迅速升高了10倍。

市场经济下的第三方认证在某种程度上是一个构建诚信的过程。第三方对第一方和第二方都要负责，要公开、公平、公正、不偏不倚地对待双方，它所开具的证明必须要得到第一方和第二方的信任。目前，借助第三方认证来赢得客户的信赖已成为众多企业的选择。例如，牙膏产品厂家寻求中华口腔医学会、中华预防医学会等机构代言，借助中华口腔医学会、中华预防医学会等机构的"权威"鉴定，从而达到产品的销售和推广的目的。出口欧洲各国的食品经常会需要出具Kosher认证。在信息不对称的条件下，这样一个认证就成为企业信用和质量标准的依据。船级社是世界范围制定船舶规范和对船舶及其材料和设备进行检验的专门机构，船级社的作用就是目前所说的合格评定。一般来说，通过船级社认证的企业在行业内的社会公信力较强。

企业在国际上达到国际的安全标准，通过了第三方认证机构提供的认证服务并获得了出口国所需要的认证标志，然后获得出口国的企业和消费者信赖的商业行为是非常常见的，这也使得第三方认证机构在社会经济生活中扮演着重要的角色。例如，UL作为全球范围内从事食品安全认证的第三方检验的权威机构，该企业有一个极具号召力的口号"建立一个更安全的世界"，UL 是美国重要的国家标准参与者，它制定的标准多数被政府采纳，它还负责对进入美国市场的产品和产品供应商进行评估，确保进入美国的产品供应商和管理体系符合要求。现今，UL 需要审核的产品、原材料配件以及体系等多达 19000 多种类别。平均每年在71000 种产品上会出现 210 亿个 UL 标志。世界各地都有 UL 的服务机构，其拥有实验室多达 66 所，足迹遍布了 104 个国家。目前，UL 的业务已经深入到产品安全性能评估和体系认证服务等领域。自 UL 进入中国以来，它在很大范围内帮助中国提高了产品质量和整体的质量水平，UL 的努力也得到了我国政府对他的认可。UL 丰富的经验和技术专长为中国小家电产品进军美国市场做出了不可磨灭的贡献，在一定程度上起到了"保驾护航"的作用。UL 的案例既证明了第三方认证的作用，也为我国产品提高品牌信用打开一个国际市场的路径。

根据 BIS 报告，在金融领域的第三方认证中，标准普尔、惠誉和穆迪这三大美国信用评级机构正在全球快速发展，现已垄断了全球信用评级，标准普尔评级包括 37% 的银行，穆迪的评级包括 100 多个主权国家和参加全球信用评级银行中的 80%，信用评级机构是一种特殊的中介，信用评级机构能够利用其拥有的信用资源来进行风险评测，加强和引导金融资源的合理配置。

3.3.1　第三方认证降低选择成本

信息不对称问题对品牌信用的构建产生了极大的影响。仅凭买卖双方的诚信是不够的，充分利用权威的、可信赖的、公正的第三方认证来提高企业的内在素质和外在的可信度，是一个能使企业档次快速提升，让企业产品打于销路甚至打入国际市场上的好办法。

从众多产品的备选集中选择所需产品实现效用最大化所花费的成本（最优化成本），我们称之为选择成本。选择成本越高时买方的选择效率就越低。要想降低成本，让买方更容易获得产品的相关信息，只有建立适当的信息传输机制。信息获取和传递效率的强弱会直接影响购买活动能否顺利完成，买方只能在适合他们的有限的资本和知识条件下来完成购买决策。因此，第三方认证正好可以满足区别不同产品是否可靠、是否值得购买的"信号"要求。在保证第三方认证可靠的条件下，第三方的信用和担保为买方想获得的产品提供了必要的"贩买信号"，这样就可以让买方可以用较低成本来取得产品的信息，节约了买方的精力和时间，降低了买方的选择成本。任何真实可靠的强制性和自愿性的第三方认证和担保都可以为买方提供有价值的有关产品信息，对消费者就是有利的。买方更希望对与人身安全相关的食品、纺织品和日用品等直接关系人身安全的产品进行强制性的第三方认证。因此，作为传递产品信息的有效手段，第三方认证能够提供一种行之有效的信号甄别机制，便利消费者的选择，很大程度地降低选择成本。

　　对生产者来说，在竞争的市场上，消费者往往面对众多选择，生产者既要让消费者知道自己的产品，也得让消费者相信自己产品的质量，这样才能产生购买行为。在产品的功能以及价格和品质基本相同或者差距较小的情况下，较低的选择成本就会成为消费者的购买决策的关键性因素。在竞争激烈的市场交易活动中，卖方要想赢得消费者的信任，那就需要先显示出自己的产品优于其他竞争对手的产品，将自己产品区别于其他产品的特点告知买方，来解决信息不对称的问题。这就是由卖方自发进行活动让消费者能够相信其信号真实性的信号显示。而第三方认证提供关于产品的有效信号，这些产品信号来源于权威部门或者具有一定公信力和独立性的机构，由第三方认证来发出信号所达到的效果远远高于生产商的自我宣传。图 3 - 3 的"区分识别"模型可以很好地解释了第三方认证制度的作用机理，从而证明第三方认证不仅对生产者是有价值的，从整个市场效率的角度看，这样的制度安排也是有价值的。

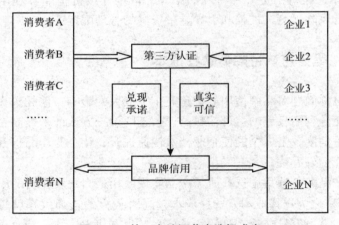

图 3 - 3　第三方认证节省选择成本

　　另外，根据著名的美国心理学家马斯洛的需求层次理论，可以把消费者的需求简单地概括为精神需求或情感需求与物质需求或功能性需求两个层次。那么，作为企业"身份证"的品牌就代表产品和服务的类似功能、质量、价格、技术、历史、企业等的所有方面，满足消费者的需求需要从这两个层次来考虑。因此，品牌信用也可以分为精神信用或情感信用与物质信用或功能性信用。精神信用或情感信用，是指品牌对消费者的精神需求或情感需求的满足。第三方认证（名人效应、权威机构认证，等等）能够在物质产品不变的前提下，增进消费者的精神和情感满足，使其"放心、安心"，从而提高品牌信用。因此，即使第三方认证不改变产品、服务等的物质属性，也能够增进消费者的情感满足，从而体现其价值。

3.3.2 第三方认证的另一价值发现

我国的产品认证已经有 30 多年的历史，其中强制性认证是重点，在强制性认证方面也取得了很大成功。由于对产品自愿性认证的认识不足，自愿性认证的发展一直较为缓慢。但是让人感到一丝欣慰的是认证需求慢慢地有了新的变化，一些潜在的需求渐渐地开始显露出来。伴随着新技术和新产品的不断发展和完善，产品更新换代越来越快，就连一些基础类的产品也应用了各种新工艺，与过去的产品发生了巨大的变化，所有这些产品是否需要认证、怎样找到认证的价值、如何通过认证手段来提升企业品牌信用，这些都是认证机构所必须考虑的课题。如果一个产品市场不够规范、不标准（如市场有宣传混乱、鱼目混珠的现象），行业标准不完善，产品政策影响很大，创新需要高技术含量、品牌意识强，但是消费者对该类产品的辨别能力明显不够，那么，这个市场就非常需要开展自愿性的认证。

就以电视机为例，当市场上出现了众多高清电视的时候，信息产业部尚未制定出数字电视系列的行业标准，因此，生产厂家就进行了高清晰度电视的模糊宣传。在高清晰电视产品的标准出台之前，电视厂家为了提高市场竞争力、获得更多的市场份额，想出了各种各样的宣传招数对数字高清电视进行推广。然而，消费者对于数字技术几乎是完全不了解的，只是通过这些不切实际的宣传信息来获取关于数字技术的相关信息，受其"忽悠"，盲目地认为数字电视比一般的电视要清晰，其实，部分电视只仅仅采用了一点点数字技术。这样的电视不仅不是数字电视，更不是像宣传中讲的那样属于高清晰度电视。要证实是否是数字电视，就需要复杂的检测设备，因此，普通消费者对于高清晰度数字电视的辨别能力是非常有限的。这就需要某权威认证机构先于国家的标准来标识、证明消费者所购买的产品是一种符合何种技术标准的产品，这样的第三方认证有利于消费者做出正确的选择，有利于市场交易的顺利进行。中国电子技术标准化研究所推出的高清认证标志和机卡分离认证标志解决了普通消费者难于识别的问题。

综前所述，如果是在市场上产品鱼龙混杂、参差不齐的氛围中，且生产厂家的品牌意识都很强，那么这个市场就极为需要权威的认证机构来对这些生产厂家的产品进行合理的认证，以规范该市场中的企业行为，让消费者可以放心购买。数字产品认证证书成功地推出为认证机构提供了较好的判断思路。我们认为，认证的使命是规范和促进的，降低消费者的购买风险，自愿性认证来提高品牌信用的作用在不规范的市场中表现的更为明显。

开展第三方认证的基础是认证行业标准，标准的实施会产生很大的社会效益，认证可以有效地将社会效益转化为经济效益。发现和挖掘认证的意义和价值，从而使认证能够有效地发挥应有的作用，这一点是非常重要的。做产品认证需要考虑多方面的因素，如该项第三方认证主要针对哪类产品？针对产品的哪些性能？如何保证该认证是"真实可靠的"？怎么才能最大限度地突出该认证的品牌优势从而建立品牌信用？就某单一的产品而言，认证的价值也是有变化的，在认证的有效期内，其价值的变化随着该产品的生命周期而呈规律性的由高到低，所以无论是企业还是认证机构都需对认证的价值有一个合理的预期。在产品的成长期内，认证的价值更为突出。随着该市场的逐步成熟，起规范和促进作用的第三方认证的价值会相对变小，该产品技术相对成熟，企业行为也已经较为规范，消费者的消费经验也相对较足，购买风险相对较小，信息不对称程度相对于该产品市场朝阳阶段时已经减弱。因此，从这个意义上说，第三方认证的价值在于降低消费者的购买风险，通过降低购买风险来降低选择成本。

3.3.3 第三方认证信号功能的"区分识别"模型

假设市场上有两种类型的企业：强实力生产者和弱实力生产者。弱实力生产者可以提供符合第三方认证要求的产品价值为 M_1，强实力生产者能够提供第三方认证要求的产品价值为 M_2，其中 $M_1 < M_2$。再假设市场上的生产者总数为 T，其中，强实力生产者所占的比率为 g，$0 \leq g \leq 1$，则强实力生产者总数为 gT，弱实力生产者总数为 $(1-g)T$。我们假设生产函数是线性的，则消费者可获得的期望产品价值可表示为：

$$U = M_1 gT + M_2 (1-g)T$$

假如市场的类型是完全竞争市场，且信息是完全充分的，那么消费者就会根据边际效用等于边际成本的最大化效用目标向不同实力的企业产品支付不同的价格，即：$P_1 = M_1$，$P_2 = M_2$。但在信息不对称的情形下，企业掌握产品的全部生产过程及其真实技术状况，而消费者对这些状况却无法知悉，只好对所有的企业支付一个平均价格：$P = (1-g)M_1 + gM_2$。

对于强实力生产者而言，由于其产品质量较高，假设其产品价格应为 P_1，P 显然小于 P_1，但 P 大于 P_2，这是典型的"柠檬市场"和"逆向选择"的表现，是优秀企业无法接受的。

不同实力的生产者获得第三方认证的成本是不同的，在连带责任的假设前提下（认证机构联同企业一起对产品质量负责），第三方更愿意为强实力生产者提供信用担保，给弱势企业作认证担保的风险太高，因此，弱实力生产者要想获得同样信用的认证，则需要付出更高的成本。我们假设 C_1 表示弱实力生产者获得第三方认证的单位成本，C_2 表示强实力生产者获得第三方认证的单位成本，显然 $C_1 > C_2$。另外，我们假设不同信用程度的第三方认证的资费也不同，第三方认证信用越高则企业支付的费用也越高，而不同实力的企业获得的第三方认证的信用程度也不同，如弱势企业只能获得信用一般的认证机构的认证，而优势企业可以获得信用度较高的第三方认证机构的认证。假设 D_1 表示弱实力生产者获得第三方认证的信用程度，D_2 表示强实力生产者获得第三方认证的信用程度。此时 $C_1 D_1$ 为弱实力生产者获得第三方认证的总成本；$C_2 D_2$ 为强实力生产者获得第三方认证的总成本。而我们假设 D^* 是消费者对第三方认证这一信号信用的基本要求。那么对于所有第三方认证的信用达到或者超过 D^* 的都会被消费者当作强实力生产者并给予高货币支付 A_2，所有获得第三方认证的信用低于 D^* 企业都会被消费者当作弱实力生产者并给予低货币支付 A_1。那么 D^* 就是企业参考的一个临界值，从前面分析我们知道 $(A_2 - A_1)/C_1 < (A_2 - A_1)/C_2$ 一定成立，那么 D^* 就可以是满足下面这个不等式中的任意一个值：$(A_2 - A_1)/C_1 < D^* < (A_2 - A_1)/C_2$。

在 $A_1 < A_2$ 和 $C_1 > C_2$ 的条件下，一定是存在一个这样的 D^*，并且只要 D^* 在满足前面不等式的范围内取值，则每个强实力生产者都将选取 D^* 信用水平的第三方认证，每个弱实力生产者都将选取 D_1 信用水平的第三方认证，这样就会达到均衡状态。"分离均衡"可以将不同类型的产品和企业有效地区分开来。第三方认证制度通过提供一种区别不同企业和产品的信号机制，让消费者可以根据这种信号机制来对不同的产品实行不同的价格支付，从而有效地化解"逆向选择"和"柠檬市场"的问题。

简单来说，假定获得第三方认证的唯一价值是可以提供给消费者区别各类企业类型的信号，这时存在一个市场均衡即根据生产者的实力有所区别，他们获得的第三方认证信用程度也会不同，这时消费者就可以根据第三方认证信用信号用来区别实力不同的生产者。

由此可见，第三方认证制度实际上其作用就是提供了这样一种重要的信号，消费者可以根据这一不同信号来选择不同的企业和产品。即使第三方认证对改善企业环境行为不起任何作用，它在分离均衡的情况下都具有传递信号的作用，强实力企业愿意对市场信号进行投资，选择权威的第三方认证机构可以方便将他们和弱实力企业区分开，让消费者能更好地看清他们的优势所在。强制性的第三方认证如果是在相关法律法规下强制性进行被动选择的话，有许多企业愿意自费进行自愿性的第三方认证。越来越多的证据表明，厂商要捕捉更多的商机，争取到更多的消费者和"货币选票",利用第三方认证制度建立良好的信号显示机制是必然选择。

第三方认证活动其基本的功能主要是用来解决信息不对称和因信息不对称而产生的信用缺失问题。强制性认证类似于一种市场准入制度,通过强制性认证的有效运行可以确定市场上销售的产品都是"符合相关标准和规定"的产品。强实力和弱实力企业之间的差别更多的是通过自愿性认证体现出来的。因此,所以作为市场经济体制中的"基础设施",认证认可对市场机制的有效运行发挥着非常重要的作用。而且政府职能的转变和行政模式的改变在完善我国市场经济体制中是至关重要的一个环节,认证认可工作可以帮助我国转变政府职能和改善政府行政模式。

随着市场经济的发展,我国第三方认证在不断地完善,认证领域也在不断扩大,第三方认证正在覆盖着整个社会经济的各个方面,在产品监督、国际贸易、司法鉴定、医疗、环境保护、地质、气象、科研、国防等和国民经济与社会发展密切相关的各领域行业内,发挥着越来越重要的作用。产品的认证结果正在逐渐被国家政府机关部门、行业企业部门、采购商和消费者所采用。认证认可已经成为整个国民经济和社会发展的重要组成部分,成为构建中国社会主义市场经济体制的"基础设施"。

3.4 信息不对称条件下品牌信用模型分析

综上所述,品牌是消费者的一个利益点和不假思索购买的依据和"符号",品牌信用指的是该企业对该品牌承诺的实现。只有有信用的品牌才能为消费者不假思索地购买依据和"符号",因此,品牌信用是一个品牌的生命所在。

但是在信息不对称条件下,企业品牌自身传递出的信号,消费者未必相信。因为生产消费者之间具有严重的信息不对称,因此,就存在着信任危机,消费者需要的生产者未必说,生产者说了消费者未必信也未必懂,于是消费者有信号甄别的需要,生产者有主动信号传递的需求,而第三方认证正好满足了这一市场需求,第三方认证实质上是除了企业本身之外的第三方所做出的信用担保。通过第三方权威认证认可机构的信息发布传递,可以提高企业的信用度,赢得消费者的信赖。权威公正的第三方信用成为买卖交易双方的桥梁。也就是说,企业自身的产品或者服务优势可能不被消费者所接受、不被市场所认可,第三方认证则可以将企业产品或者服务优势以中立人的身份向外发布,这样更容易被消费者所信赖。当然这就需要第三方认证机构必须有绝对的权威,权威机构必须与双方没有任何经济上的利益关系，必须独立于双方之外，这样才能获得第一方和第二方的信任，第三方认证工作才能公平、公开、公正。

但是，由于企业和第三方认证机构之间存在合谋的可能性，因此，在第二方信用和第三方信用之间需要社会监督，包括竞争对手的监督、网络的监督、新闻媒体的监督、大众的监督、专家的监督，等等。如果一个品牌自身信用没有问题，第三方的信用担保也是有的，并且他们敢于接受来自竞争对手、新闻媒体、网络、大众或者专家的社会监督，我们认为，这样一个品牌的信用就确立起来了，消费者的购买风险基本可以降到 0，消费者可以放心选购的概率就是最高的。

我们假设企业自身的信用为 Ce，第三方认证的信用为 Cc，社会监督（来自竞争对手、大众、专家、媒体、网络等）为 Cs，则品牌信用决定于企业自身的信用 Ce、第三方认证的信用 Ct、社会监督 Cs，于是品牌信用函数为：

$$Bc = f(Ce, Cc, Cs) \tag{3-1}$$

于是，第三方认证和社会监督构成品牌信用的重要组成部分，其中 $Ce \in \{0, 1\}$，$Cc \in \{0, 1\}$，$Cs \in \{0, 1\}$。

品牌信用空间图，如图 3-4 所示。

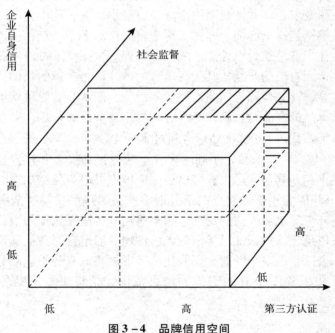

图 3-4 品牌信用空间

通过第三方认证来提高品牌信用也成为诸多企业的策略选择和市场经济的一项重要制度安排。如强制性认证是供应商在进入目标市场前必须取得的，是产品获得市场准入的基本要求。若想把产品出口到某个市场，就必须先满足该国家、地区提出的强制性认证要求。世界上两大航空认证分别是美国联邦航空管理局（Federal Aviation Administration）FAA 认证和欧洲航空安全局（European Aviation Safery Agency）EASA 认证。在全球范围的合法注册飞行大到波音、空客飞机小到单人超轻型飞机都需要通过 FAA 认证，飞机里的各个配件也都要进行 FAA 认证。我国现在只有两家厂家的航空器周边配件是通过 FAA 认证的生产厂家，它们生产民航飞机里面的座椅、小桌板和地毯。在国内，需要购买这样配件设备的航空公司都得找这两个商家，很显然 FAA 认证已成为这两家厂商的核心竞争力和品牌优势，可见该认证在其品牌信用中占有极高的比重。

在品牌信用中自愿性认证有其不可替代的作用，在绝大多数的情况下是针对更高质量的产品。例如，GS（安全性认证）自愿性认证比 CE（欧洲统一性认证）这一强制性认证更能体现出产品的高质量，但是，并不是所有的产品都录用通过 GS 的检测，取得了 GS 认证的产品质量会更好，品牌的信用度也会大大提高。如 EnergyStar（能源之星）或者 EcoFlower，是自愿性的能效环保类产品，产品生产要求不仅要节能同时还要对周围环境有较小影响，这个要求，目前全球仅 25% 的产品能够达到这个标准。同样，对于自愿性的 FFU（产品使用舒适性）来说，认证更专注于产品质量、性能、安全、环保。生产厂家可以通过申请这类自愿性认证，来达到自己的产品比其他竞争者的产品更为优越的目的，从而吸引更多消费者的注意，让其信赖该产品的质量和性能。因此，自愿性认证更能体现企业的优势和其产品的高质量、高性能，更有利于建立品牌信用。又如国际性认证体系自愿性认证的代表 CB 认证已经有超过 50 个国家的成员，并且一些非成员国也认可 CB 的测试报告。当然，不同国家有不同国家的要求和差异，在首次测试时若将这些要求和差异包含进去，在以后的申请中可以避免增加额外的测试。在这种情况下，CB 因为涵盖强制性的部分而不能突出产品质量或服务的好坏，可以被看作是打开全球市场大门的钥匙。综上所述，自愿性认证的数量和范围不影响市场准入，但是，该类认证已被消费者所信赖。通过自愿性认证可以提高产品的信誉度和知名度，在安全性能上还能让消费者放心，有利于产品品牌信用的建立，必定会在很大程度上有助于扩大销售范围、销售渠道，提高产品的市场份额。

3.5 第三方认证"信号"功能的概率模型分析

将优质产品和劣质产品区别开来就是权威的第三方认证"信号"功能的核心所在。下面我们进一步通过一个模型来证明第三方认证对提高消费者剩余和社会总福利的作用，从而证明第三方认证的必要性和意义。

3.5.1 模型假设

在采取第三方认证策略之前，我们把产品或服务划分为优质和劣质两大类。我们假设认证的基本功能之一就是把优质（符合标准）和劣质（不符合标准）的产品或者服务区别开来。我们假设：

Vb：消费者从优质产品或服务中获得的效用或者价值；

Vnb：消费者从劣质产品或服务中获得的效用或者价值；

Cb：生产者提供优质产品或服务付出的成本；

Cnb：生产者提供劣质产品或服务付出的成本；

Pb：消费者购买优质产品或服务支付的价格；

Pnb：消费者购买劣质产品或服务支付的价格。

并且 Vb > Vnb；Cb > Cnb；Pb > Pnb。

W：认证产品或服务在所有产品或服务中所占的比重，0 < W < 1；

p：优质企业选择第三方认证提高品牌信用的概率。

企业通过第三方认证是需要投入成本的，并且在大多数情况下，通过权威的第三方认证还是一个极高的成本。权威的第三方认证是为了降低选择成本来提高选择效率、维持消费者对品牌的信任，从而增加销售量实现更高的利润，因此，从理论上讲第三方认证只愿为优质产品做出相应的书面证明。劣质企业则很难达到第三方认证的相关标准，并且认证机构为劣质企业做认证的风险太大，认证机构会因为劣质产品的低质量而影响认证机构本身的品牌信用，从而导致消费者对某一认证品牌失去信任。由于成本和风险的存在，劣质产品生产厂商更不会选择权威的第三方认证，劣质厂商知道自己无法鱼目混珠，因而，不会选择花额外的成本去做第三方认证。于是劣质厂商宁愿把自己包装得尽量和优质厂商一样，甚至有时候盗用某些认证标志，但品牌和认证受法律的保护，不能被盗用。只要法制完善，执行严格，惩罚到位，厂商就不会有动机盗用别人的品牌和相关的认证标识。因此，在该模型中我们假设品牌和第三方认证不存在被盗用的可能。当然部分优质产品企业也可能会选择不进行第三方认证，也就是说，不是所有的优质产品或者服务会选择第三方认证来提高品牌信用。

3.5.2　模型图表

模型如表 3 - 1、表 3 - 2 所示。

表 3 - 1　　　　　　　　　　产品类别和策略概率

概率		第三方认证信号策略		行之和
		采用	不采用	
产品类别	优质	$W \times p$	$W \times (1-p)$	W
	劣质	0	$1-W$	$1-W$
列之和		$W \times p$	$1 - W \times p$	

表 3 - 2　　　　　　　　第三方认证信号对消费者剩余的提高

消费者剩余		通过第三方认证提高品牌信用				行之和
		采用		不采用		
产品类别	优质	A	$Vb - Pb$	B	$(Vb - Pb) \times \left(\dfrac{w \times (1-p)}{1 - w \times p} \right)$	W
	劣质	C	0	D	$(Vnb - Pb) \times \left(\dfrac{1-w}{1 - w \times p} \right)$	$1-W$
列之和		$Vb - Pb$		$(Vb - Pb) \times \left(\dfrac{w \times (1-p)}{1 - w \times p} \right) +$ $(Vnb - Pb) \times \left(\dfrac{1-w}{1 - w \times p} \right)$		

表 3 - 1 所要阐明的问题是：优质产品在产品中所占的比重是 W，优质产品采取第三方认证策略的概率是 p，因此，采取第三方认证策略的产品在全部产品中所占的比重为 $W \times p$；而劣质产品是无法采取第三方认证策略的，因为劣质产品我们认为是不满足认证的标准体系要求的。只要第三方认证是真实可靠的，就绝不会对这样的不达标产品颁发证书。如果个别第三方认证机构有这样的短期市场行为，只要相关制度健全，如认证机构虚假认证的处罚措施和责任承担等有明确可操作、易执行的规定，则从长期均衡的状态看，不会有劣质产品通过第三方

认证的问题存在。因此，我们认为，有（1 - W）的劣质产品都选择不采取第三方认证策略，加上会有 W × (1 - p) 优质产品不采取第三方认证策略，总共有（1 - W × p）的产品不采取第三方认证策略。

因此，我们认为采取第三方认证策略的都是优质产品；不采取第三方认证策略的既有优质产品也有劣质产品，其中优质产品不采取第三方认证策略所占的比重为 W × (1 - p)/(1 - W × p)，劣质产品不采取第三方认证策略所占的比重为 (1 - W)/(1 - W × p)。

3.5.3　模型分析

第一，有第三方认证信号的消费者剩余：EVCS（expected value with certification signal）。

EVCS = Vb - Pb：消费者根据第三方认证信号做出选择得到的消费者剩余，在表 3 - 2 中表现为 A。

第二，无认证信号的期望值：EVNCS（expected value with non-certification signal）。

$$EVNCS = (Vb - Pb) \times \left(\frac{w \times (1 - p)}{1 - w \times p} \right) + (Vnb - Pb) \times \left(\frac{1 - w}{1 - w \times p} \right)，在表 3 - 2$$

中表现为 B + D。在无第三方认证作为有效信号的情况下，极端的情况就是好坏产品完全无法区分，即 EVNCS = 0。

亦即 $(Vb - Pb) \times \left(\frac{w \times (1 - p)}{1 - w \times p} \right) = - (Vnb - Pb) \times \left(\frac{1 - w}{1 - w \times p} \right)$，

即 $p = \frac{(Pb - Vnb) \times (1 - w)}{(Vb - Pb) \times w}$

第三，第三方认证信号信用：ECS（effectiveness of certification signal）。

最直接地显示第三方信用为有效信号的方法就是把采用第三方认证信号所得到的消费者剩余减去没有第三方认证信号下的消费者剩余，即 ECS = (A + C) - (B + D)，于是我们得到：

$$ECS = EVCS - EVNCS = \left(\frac{1 - w}{1 - w \times p} \right) \times (Vb - Vnb)。我们得到 ECS > 0，也就$$

是说采用第三方认证信号策略要好于不采用第三方信号策略。

又因为 $ECS = \left(\frac{1 - w}{1 - w \times p} \right) \times (Vb - Vnb)$，ECS 的取值在 W 和 p 一定的前提下还和 (Vb - Vnb) 有关，(Vb - Vnb) 指的是优质产品和劣质产品给消费者带来的效用之差，这个差值越大，则 ECS 越大，即第三方认证信用越大。如果我们让优质产品有第三方认证，劣质产品无第三方认证，这个差值我们还可以理解为第三方认证带来的效用差。

这就表明有第三方认证的产品与服务和没有通过第三方认证的产品和服务是有差异的，即第三方认证能够有效地区分产品和服务，从而使第三方认证能够给消费者带来效用增量，这个增量越大则第三方认证的有效信号作用越大。

第四，第三方认证信号的有效指数：IECS（index of effectiveness of certification signal）。

$$IECS = ECS / (Vb - Vnb) = \left(\frac{1 - w}{1 - w \times p} \right)$$

由上述等式可以清楚地看出第三方认证信用指数取决于 W 和 P 这两个因素，我们在这两个变量中更关注的是 P 的大小对 IECS 的影响，显然 P 的值越小 IECS 的值越小，即第三方信号强度越弱；反过来，P 的值越大 IECS 的值就会越大，即第三方的信号强度越强。这就表明如果有更多的生产商采取第三方认证策略，则第三方信号越强，消费者剩余就会越大。我们可以从这一点清晰地看到第三方认证对社会福利的影响，第三方认证在信息不对称的条件下能够增加消费者剩余而提高社会福利。

而且当 W = 1 时，IECS = 0，这就表明，当所有的产品都是合格的好产品时，第三方认证信号的有效指数就是 0，即第三方认证就没有存在的必要了。这再一次说明了第三方认证的作用就是在信息不对称的条件下"去伪存真"，只有在信息不对称和产品质量良莠不齐的前提下，第三方认证才有存在的必要，才能彰显其价值。

3.6 对品牌和第三方认证的小结

市场机制以促进效率和提升质量为目标，通过竞争来实现优胜劣汰，要发挥机制作用就要消费者有能力地去判断产品的"优""劣"。过去，经济发展水平和技术相对低下，判断优劣是很简单的问题，但信息差异即信息不对称是客观普遍存在的，消费者由于与生产者的隔离，以及时间、精力和知识等方面的原因，在信息的占有上很自然地处于劣势的一方。市场上的很多信息消费者是难以捕捉的，当然包括优质产品也不能像在完全竞争市场中被消费者按照效用最大化的原则来支付较高的价格，以致"酒好也怕巷子深"。并且随着工业化的发展，经济水平和技术逐渐提高，判断优劣已经成为一个非常专业且技术性的问题。市场信息不对称造成消费者对产品和服务信息掌握不全、社会市场诚信体制不健全的情况下消费者难以判断产品的优劣，而消费者的信任也很难仅仅依靠企业的宣传就能得以建立，所有的消费者都愿意去买他们认为最了解且值得信赖的产品，在信息不对称的情况下，品牌的作用也就自然而然地显现出来了，品牌成为连接企业和消费者的桥梁。通过品牌这架桥梁，企业可以更有效地把信息传递给消费者，优质企业信息显示的主动性更为强烈，消费者也可以减少搜索产品的精力和成本，进而降低选择成本，大大提高选择效率。但是，由于信息的不对称造成的信用危机，消费者未必会相信生产者自身发出的信号，这时可以由独立于市场交易双方且权威的第三方认证机构根据国家政策和行业标准对企业产品、生产过程和服务规范性进行合格评定，并出具相关的证明，消费者更倾向于相信"认证"的结果，于是第三方认证由此产生。认证活动是市场经济发展的产物，它随着市场经济的发展而发展，在市场经济体制中，认证活动是通过第三方认证机构的介入来克服交易信息的不对称的。独立权威的第三方发出有效信号通过信用转移机制增强了品牌信用，增加消费者剩余，增进了需求，同时实现了企业的经营目标。

在人类社会发展过程中，经过多次博弈而达成的一系列契约的综合就是制度，制度可以保障市场交易的顺利进行。经济制度可以被理解为是一种节约交易成本和选择成本的方法，认证制度就是其中一种重要的经济制度。从 1903 年英国出现的第一个认证标志"风筝标志"到现在，认证制度已经发展了一个多世纪。随着市场规模及形式的不断扩大，新生了许多制度类型，在现代经济活动及交易中，认证制度的地位及角色显得越来越重要。目前，认证制度已经成为现代市场上一个非常重要的制度。消费者和生产者都可以通过认证制度获益，消费者可以根据产品的认证标志来选择想要的产品，生产者会主动要求通过认证来获得产品在消费者心中的信任。

只要市场上存在着信息不对称和产品质量高低不等的现象，第三方认证和品牌的存在就显得尤为重要，信息不对称是其存在的先决条件。而我们研究的第三方认证在缓解信息不对称的同时自身依然存在着严重的信息不对称，品牌建设正是为其提供了一个必要的补充，因此，第三方认证机构的品牌建设也是一个必然的选择。

第 4 章

我国第三方认证的问题与
消费者调查问卷分析

第三方认证的价值在于提供了市场所需要的各种产品信号。在产品信号的基础上形成的信息机制既是有助于消费者正确选择产品的信号甄别机制，又是生产者意愿提供区别信息的信号显示机制。信号机制正常发挥的作用有一个前提，那就是经过认证提供的信息必须是真实可靠的。真实可靠的认证才有存在的必要。因此，认证信用是认证的生命力所在。

随着我国市场经济的发展和世界经济全球化步伐的加快，第三方认证是必不可少的制度安排。然而，第三方认证在提供信号甄别机制和信号显示机制减轻信息不对称的同时，自身也存在着严重的信息不对称，如果认证不能提供独立公允的鉴证，就会提供错误的信号来误导消费者，扰乱市场秩序，扭曲社会资源配置，因此，这样的认证不仅仅是无效的，它还是有害的。由于缺乏透彻的理论研究和实证分析，我国认证认可虽然具有较快的发展速度，但是，认证质量却让人担忧，认证的信用问题已经危及我国的认证认可事业的长远发展。我国的第三方认证在制度上、标准上、业务操作的规范程度上、认证机构之间的竞争上、人力资源及其人员管理制度上都存在着诸多问题。随着认证工作的不断深入，这些问题越来越凸显出来。

4.1 我国第三方认证存在的问题

4.1.1 我国第三方认证制度设计的问题分析

在社会主义市场经济中，能够让企业不惜代价花费大量金钱来获得的产品认证会对消费者产生巨大的影响，起到了引导消费者的作用。产品获取认证需要通过权威认证机构，而我国的认证机构与政府之间又存在着千丝万缕的关系。

第一，根据我国相关法律法规的规定，设立认证机构都必须由国家认证认可监督委员会的批准，消费者相信认证的本质，实际上就是对认证机构背后的政府部门的信赖，是政府公信力的作用。

第二，在各种各样的认证机构中，最受消费者青睐的就是带有"国字头"的认证机构。想要获得"国字头"认证机构的企业就必须要经过国家高层行政单位和民政部的批准，这样造成了我国多数的认证机构在形势上对于政府机关虽然是独立的，而实际上是密切相关的。

政府机构相对于认证机构来说保留了多数的"决策权"，由于认证机构的高层领导多是由政府部门领导人兼职或者由国家退休的机关人员来负责，政府机构和认证机构之间也存在着利益和人脉关系，因此，认证机构本身没有多少独立性。但是由于传统思想观念的影响，相当一部分认证机构现在仍然是官办体制。很多认证机构前身是政府的一些职能部门或者由政府人员一手创立并负责领导的，这些认证机构是作为政府的附属机构来发挥作用的，他们无论是在管理体制还是在经营方式上都以政府为核心，听从政府指导。认证机构要么是隶属于行政机关，在财务、业务和人员方面等需要主管部门的关照；要么独立性不足，严重制约着行政监管的有效性，这些都是影响认证认可的关键因素。

对于那些认证行业的协会、组织机构来说同样和行政机关存在着千丝万缕的联系。在我国的行政管理体制上，对于非政府组织采取"双重管理体制"，即政府对日常登记注册管理部门和业务主管单位进行双重负责的制度。例如，民政机关属于非政府组织范畴，因此，只有党政机关或者行政机关单位才能担任其主管单位，这样就会影响非政府组织的决定，让非政府组织的管理人员缺乏实际的控制权。

行政权力或多或少地介入，使得我国这些非政府组织和协会组织冠名的认证机构会有些政治背景。认证机构的行政特色使得这一行业中寻租现象较为普遍。寻租指的是为了获得政府的"许可"进行的非生产性的寻利活动，消耗掉的资源没有直接进入到社会福利行列，是一种纯粹的浪费。

寻租有很多危害，如寻租会造成市场机制不能有效地运转，造成社会资源的浪费、让社会财富减少、分配不均，等等。我国的认证机构权力多数把持在权力机关手中，认证机构和政府机关关系过密，这样将人为地造成认证权力的稀缺而形成租金，为权力的寻租制造了空间和环境氛围。因此，我们必须要消除寻租，目前消除寻租最有效的办法之一就是政企分开，限制政府对认证认可的活动范围。以上分析也可以看出虽然认证机构所具有的政府背景能让他们获得较大的权威性，但是，相应的也把同层次的政府信誉押了进来。当虚假认证曝光后，受影响的不仅仅是企业的信誉，还有政府的公信力。

在政府的信用理论条件下，我们对建设和运作认证认可机制中存在的问题的具体分析可以看到，认证活动本身是根据一定的法律法规和技术标准等来进行合理的评测活动的，认证认可是为了降低信息不对称对消费者造成的影响，认证活动必须公开、公平、公正才会有效，但是，认证机构的政府背景，让认证机构本身就出现严重的信息不对称问题，政府不能承担由此出现的信用缺失问题，这会对消费者造成影响，也会降低政府的公信力，还难以解决市场的失灵问题。

信用缺失、监管失灵的具体表现就是认证的信用较低。正如国家认证认可监督委员会（以下简称认监委）时任主任孙大伟在第四次全国认证认可工作会议上说："认证信用不高是目前认证认可面临的主要问题。"认证工作的信用体现在认证工作的透明、规范、有序上；认证结果的社会公认；认证证书的真实可信性。

许多专家都已经意识到我国的认证认可制度和体系不健全、不完善、有效性亟需提高、政府职能和管理方式落后、认证机构利益为先等问题，这些问题使得认证认可难以得到消费者的信赖，也就是说，认证认可制度不具备公信力，这与公民对政府的信任密切相关。认证认可制度是基础的国家制度之一，是其重要组成部分。需要与社会信用体系同步发展，但由于我国还处在社会主义市场经济的发展完善阶段，信用体系不完善和诚信缺失是当前阶段较为普遍的问题。认证认可的基础是政府信用，也是政府信用的具体做法和体现，政府信用和认证认可制度是相互关联与制约的。认证认可在其属性本质上来说是公平、独立、权威的，结合中西方认证认可的理论看出，这是因为认证认可所从事的工作是和人们息息相关的，认证认可标准是为了和人们相关的生命安全和健康的产品和服务提供检测保障的标准。对于认证认可来说，做检测的认证认可机构的公信力是非常重要的，在现行的我国认证认可体系中，认证认可制度的主体是政府，人们对其认证信用不满将会导致最终的认证认可结果得不到人们的信赖。

此外，消费信息不对称也加大了部门监管的难度。在我们的消费市场中，信息不对称普遍存在，而监管又需要大量准确的信息，而获取信息的成本是极大的，有时即便付出成本也未必能获取到真实有用的信息，这是监管工作中的难题。若此时存在约束机制的失衡或机制缺陷，那么在利益的驱动下会出现部门根据需要选择信息的情况。信息不对称和信息"失真"使得监管活动没有稳固的基础，造成相关部门在认证认可监管工作中越位、缺位和错位，导致监管失灵。信用缺失，监管失灵，大大影响了认证认可的公正性。这就需要完善信息获取的制度设计，并平衡监管的约束机制。

4.1.2　我国第三方认证业务操作方面的问题分析

认证机构违规操作的风险或者成本＝被查处的概率×处罚力度。

目前，在我国认证行业的大环境下，认证行业的监督主要来自政府部门，来自社会大众的监督明显不足，消费者举报意识比较弱。而政府监管部门，由于受到财力、人力、水平和能力等的限制，查出认证机构不规范行为或者违法行为的概率并不高，这种制度的缺陷使很多认证机构存在侥幸心理，认证机构机会主义行为普遍存在。被查出的低概率导致认证机构和认证人员自律意识差，不规范认证、虚假认证现象较多。

再看处罚力度。虽然我国的《中华人民共和国认证认可条例》和有关法律条文对认证机构的不规范行为也提出了处罚的规定，但是条文均过于笼统，且可操作性差，主要体现在以下两个方面。第一，我国现行的认证认可体系不完善、不健全，相应的《中华人民共和国认证认可条例》配套制度有效性不强，认证认可技术标准以及技术规范管理办法等需要进一步地探索制定。对认证及相关机构的监管缺乏法律依据，一些认证机构从业人员遵法守法意识淡薄，法人、公民和其他组织的合法利益很难得到有效的维护，认证认可的发展环境有待进一步优化。第二，目前，我国的法律法规尚有不足，与国际上的一些标准水平差别较大。我国的认证认可法律制度可操作性不强，很多的认证认可制度是以条例、规章、办法的形式存在，我国的认证法律、决策、规划等一系列的体系需要继续完善整合。此外，由于目前我国对认证认可制度的宣传不到位、缺少培训，这样造成了根据认证认可制度进行认证执法的困难增加、执法的水平不高；缺乏必要可行的认证认可依据，认证认可的体系不完善、界限不清晰，影响我国认证认可工作的深入发展。

这样的制度缺陷使得认证机构的责任难以落实。比如三鹿奶粉通过了诸多的权威认证，但是在三聚氰胺事件中对相关认证机构的惩罚力度远远不够，只是象征性地对个别的认证人员做了惩治。这些认证机构应该就三聚氰胺牛奶对消费者造成的危害承担一个什么样的责任和做出一个什么样的赔偿？消费者如何维权？监管部门对虚假认证的治理措施有哪些？这些问题尚没有可实施的政策措施。因第三方认证机构被查出"虚假认证"的概率较低，即使被查出了，监管部门处罚的力度也不会太大，所以认证机构违规操作的风险或者成本是很小的，这一点从根本上弱化了认证机构的竞争意识和自我约束意识，从而影响了第三方认证的信用。比如很多认证机构从事咨询—认证—条龙服务的形式认证，这在《认证咨询机构管理办法》中是明令禁止的。所以在业务操作方面我国第三方认证违规操作的成本太低，责任承担也难以落实。

4.1.3 认证机构之间竞争方面的问题分析

随着改革开放的不断深入，我国经济总量和对外贸易实现了跨越式发展。认证行业的发展势头异常迅猛，据初步估计，认证行业的市场是巨大的，至少有不低于 200 亿元的年消费市场和不低于 5000 亿元的一次性消费市场。[①] 在巨大的利润驱使下，国际认证机构开始入驻中国，国内的认证机构纷纷涌现，市场中存在着竞争，认证机构之间更是有着激烈的竞争。例如，在我国加入 WTO 以后，ISO 认证的企业如雨后春笋般冒出。当前国内的认证机构有 282 家已经在认监委注册，还有很多国内和国外的非正式机构，它们之间的竞争也很激烈。

为了争夺客户以获得丰厚利益，认证机构之间的不正当竞争日趋严重，扰乱市场秩序，认证审核门槛逐渐放低、认证费用逐渐减少。在认证发展的初期，审核比较严格、认证费用比较贵，例如，以一个拥有规模 300～500 人的企业来讲，单个人审核的时间为 10 天/人，单人审核花费 35000 元，申请认证费用为 1200 元，注册费用为 2000 元，因此，认证机构在对这个企业员工进行初审时，需要收取 38200 元费用，但是现在，一些机构竟然可以 5000 元钱就能让企业通过认证审核，由此可见，其审核质量情况堪忧。这些不正当竞争，用压低认证价格，甚至可以保证通过率为 100% 来干扰正常的认证秩序，国际一些著名的认证标准体系，正在逐渐成为不法认证机构获得利益的工具。

有一些认证机构利用企业急切想要得到认证证书的心态，买卖证书，他们以"快速、高效、低价"的口号变相地让消费者花钱买证书，有的认证机构和企业签订合同承诺一个月的时间内让企业拿到认证证书，有的认证机构甚至违背规章制度先发证书后审核，这样严重影响了市场的稳定秩序，影响了认证机构的公正和权威性。有的认证机构甚至不顾国际认证的标准体系，违法降低认证的标准，对企业进行违法认证。例如，国家认监委于 2002 年 3 月向社会披露了几家违法认证的机构，这些机构都存在着违规行为。如证书虚假、制造假的认证审核记录、经营超范围、认证审核的时间不足、认证审核的技术不专业等。

市场经济的本质是竞争经济。在市场上进行企业买卖的行为时，消费者会对相同或类似的产品进行选择挑剔、货比三家，选择其认可的产品来使自己达到等

---

① 国家认证认可管理监督委员、会认证认可技术研究所：《认证认可发展战略研究报告》，中国标准出版社，2008 年版。

价交换，这些受价值规律和供求关系的影响。不同类别的人员在市场经济中，由于信息不对称，对信息了解充分的人员多处于有利地位，而对信息了解不充分的人多处于不利地位。对于消费者来说，他们不是专业人员，很难具备专业的产品质量知识，这时就需要专业的认证机构来出具相应的认证证书，这样可以降低消费者的市场交易成本，而且还能降低信息不对称所造成的不利影响。而企业委托第三方进行认证特别是自愿性认证时，就有可能与认证机构"合谋"，从而提供虚假的市场信号来欺骗消费者。而如果合谋收益可观，并且受到查处和被责令赔偿损失的几率极小，认证机构与认证企业的合谋从而制造虚假信号的行为会经常发生。另外，为了节约资本，认证机构不履行必要的检测程序的情况也屡有发生。其结果是，厂商会利用认证机构提供的虚假市场信息误导公众，造成市场对信息评价的失效和决策失误，这样认证本身也会变成"柠檬市场"的困境。

认证是为了帮助消费者识别产品质量，而虚假认证不仅不能帮助消费者，相反，还会增加消费者的选择成本，扰乱认证认可的市场秩序。以某品牌地板为例，消费者在购买地板时无法掌握全部的有效信息，不能得到完善的保证，因此，往往会根据一个重要的参考要素来选择：知名认证和知名品牌。在 2004 年，某品牌地板表现得最为抢眼，该地板公司表示，他们对于原材料的选取非常苛刻：要在不同的日照地区选取类似树龄的树木。2004 年 7 月，巨大的绿色广告牌出现在各大城市中，他们卖出的地板价格为 2008 元/平方米。该地板是所有"进口地板"中唯一的合格产品，具有国家免检称号，是地板行业中的龙头老大，唯一一家获得了"3·15"标志的产品。但在 2006 年的"3·15"晚会对他们的产品质量进行曝光后，所有的光环骤然消失，根本不存在所谓的"德国总部"，这些行为明显在欺诈消费者，问题是这样一个虚假包装的企业却能在国内获得诸多荣誉和认证，这反映出我国的一些部门并没有进行真正的第三方认证。随后，又发生了如某些品牌的牙膏等利用"牙防组"进行虚假认证的事件，足以让我们看到我国现在的市场中存在的诸多虚假认证。

目前，虚假认证主要通过以下形式表现。

第一，许多认证是在欺骗消费者，表面上看是进行着"认证"工作，实际上他们的行为都不合法，并不是进行真正的认证。例如，一些设在政府工作部门下的行业组织协会，他们在进行活动时会冠以"认证"字样，从而蒙蔽消费者和企业。

第二，有一些行业组织，本身不具备认证资格，却私下进行着认证活动，有些人将某一产品的局部零件认证当成这个产品整体的认证。例如，某数字电视的显示器清晰度已经做了认证，但并没有对整个数字电视进行认证。生产厂家和销售商为了宣传此产品，却在数字电视整体上标有"高清晰"的认证标志，这样混淆了概念，将局部的认证当成了整体的认证，误导了消费者。

第三，一些假冒产品更是依靠"一手交钱一手盖章"的手段进行虚假认证，欺骗消费者。优质产品却很难取得认证价格优势。这些虚假认证机构的存在严重制约着我国认证认可工作的发展，扰乱认证认可行业的健康秩序，损害消费者权益，影响社会诚信度的提高，有悖于科学发展观和构建社会主义和谐社会的总体要求。

许多参与企业质量咨询的认证机构并没有按照国家质量技术监督局的规定进行登记，在没有经过许可的情况下私自进行认证。很多机构的法律地位不明确、缺乏专业的技术人员或者工作人员的责任心不强，有的内部质量管理体系不准确或者不符合规定。一些认证机构的工作人员甚至没有经过专业的培训、没有取得必要的咨询资格。因此，就目前行业整体而言，现有认证人员的素质还不能完全有效地开展认证工作。经验不足、自身道德素质不高等问题严重制约着认证工作的有效开展。此外，质量认证咨询、审核机构的经营运作体系需要继续完善。质量认证审核机构也存在违规操作行为，认证职业道德和认证职业责任亟待加强。

最近，认监委为了规范市场、增强认证机构在人们心目中的信心，实行了价格下限政策，规定认证的最低收费标准。比如，ISO 国际标准化组织为了防止认证机构的恶性竞争，规定了申请 ISO 的最低收费标准：办理 ISO9000 的认证收费不得低于 12000 元。但是，还有不少的认证机构不正当竞争让正规的认证机构，在短期内利润空间被削薄，造成市场秩序的混乱。

4.1.4　我国第三方认证技术方面的问题分析

我国标准滞后现象较为严重，以我国的奶业为例，按照我国的奶业安全标准，蛋白质含量由原标准中的每 100 克含 2.95 克，下降到了 2.8 克，低于发达国家 3.0 克以上的标准；而每毫升牛奶中的菌落总数标准却由原来的 50 万上升到了 200 万，比美国、欧盟 10 万的标准高出 20 倍[①]。目前，美国和欧盟的牛奶菌落标准都是每毫升 10 万，这个数量以下的，才是优质牛奶。在牛奶行业举办的内部研讨会上，广州市奶业协会理事长王丁棉指出我国现有的奶业标准全球最低，专家认为市场主流常温奶不安全。那么，毫无疑问，按照这样的标准进行的认证，价值何在？于是，我们国内几个大品牌的奶制品的出口均被退回，只好

---

① 苏海晏：《乳业行业低标准最终害的还是本土乳企》，载《中华工商时报》2011 年 6 月 24 日。

"出口转内销"。

　　无独有偶，在农业标准方面，我国的蔬菜农药残留标准和国际上发达国家的农药残留标准相比，不仅农药种类少，而且农药的残留指标也稀缺。相对于国外的发达国家，不管是在农药的技术检测指标还是农药的残留指标上，我国都和发达国家之间有很大差距，我国质量体系不健全，国外的农药残留指标大多高于我国指标的 10 倍，有的甚至达到了百倍以上，导致我国的蔬菜贸易不理想，技术性壁垒起的作用不明显。

　　将国内农残标准与输日农产品残留标准进行对照，可以发现，日本的农残限量标准普遍高于我国农残标准的 10 倍以上，甚至百倍。2007 年我国输ヨ农产品残留指标规定如表 4－1 所示。

表 4－1　　　　　　　　　　2007 年我国输日农产品残留指标规定

食品	实施后禁用农药名	基准值（现行）ppm	基准值（实施后）ppm	检出值（实施后违反规定的检出值）ppm		
				平均	最小	最大
草莓	甲胺磷	无	0.01	0.06	0.06	
毛豆	溴虫腈	无	0.05	0.07	0.07	
	甲氰菊酯	无	0.01	0.03	0.02	0.04
	甲胺磷	无	0.5	1.41	1.41	
人参	四氯硝基苯（TCNB）	无	0.05	0.2	0.2	
	五氯硝基苯（PCNB）	无	0.02	12	12	
慈姑	甲胺磷	无	0.01	0.12	0.12	
小松菜	芬普尼	无	0.002	0.02	0.02	
	甲氰菊酯	无	0.01	0.025	0.02	0.03
香菇（对硫磷：松茸）	对硫磷	无	0.05	0.12	0.12	
	毕芬宁	无	0.05	0.28	0.28	
紫苏	苯醚甲环唑	无	0.2	0.72	0.34	1.1
	溴氰菊酯	无	0.5	0.92	0.92	

续表

食品	实施后禁用农药名	基准值（现行）ppm	基准值（实施后）ppm	检出值（实施后违反规定的检出值）ppm		
				平均	最小	最大
生姜	丙炔氟草胺	无	0.02	0.07	0.07	
带夹豌豆、未成熟带夹豌豆	苯醚甲环唑	无	0.01	0.03	0.03	0.03
	氟硅唑（护矽得）	无	0.01	0.025	0.02	0.03
	甲胺磷	无	0.5	0.83	0.83	
青梗菜	甲氰菊酯	无	0.01	0.04	0.04	
韭菜（干韭菜）	三唑磷（三落松）	无	0.02	0.36	0.36	
	甲胺磷	无	0.3	0.63	0.63	
胡萝卜	环氟菌胺	无	0.01	0.2	0.2	
大蒜	噻螨酮（合赛多）	无	0.01	3.3	0.3	
蒜苔	嘧霉胺	无	0.01	0.073	0.19	0.71
大葱	莠去津	无	0.02	0.03	0.03	
	三唑磷（三落松）	无	0.02	0.045	0.03	0.06
	甲胺磷	无	0.05	0.255	0.16	0.33
干木耳	甲胺磷	无	0.1	0.715	0.28	1.61
绿豆	氯氰菊酯	无	0.05	0.12	0.12	

资料来源：中国国家咨询点报告，主要国家农产品农药残留限量标准，农业标准公告，2004 年。

　　农药残留对于大多数人来说是指自己食用带有农药残留的产品。过去的农药残留成分主要是持久性的有机氯农药和重金属，但是现在由于我国高毒、剧毒有机磷与氨基甲酸酯农药的不合理应用，出现了很多消费者食用蔬菜水果时急性中毒的情况。目前，我国已经在 32 类农副产品中制定了 79 种农药的 197 项最高农残限量（MRL）的国家标准，其中，有关水果的农药残留最高限量标准如表 4 - 2 所示。

表 4 - 2　　　　　　　　　　我国非出口水果的农药残留最高限量标准

农药类型	标准（≤mg/kg）	农药类型	标准（≤mg/kg）
敌敌畏	0.2	异菌脲	10（梨果）
辛硫磷	0.05	百菌清	1
草甘膦	0.1	甲霜灵	1（小粒水果）
倍硫磷	0.05	抗蚜威	2.5
敌百虫	0.1	六六六	0.2
对硫磷	不得检出	苯丁锡	5
二嗪磷	0.5	克菌丹	15
甲拌磷	不得检出	多菌灵	0.5
杀螟硫磷	0.5	炔螨特	5（梨果）
乙酰甲胺磷	0.5	噻螨酮	0.5（梨果）
毒死蜱	1（梨果）	三唑酮	0.2
乐果	1	三唑锡	2（梨果）
马拉硫磷	不得检出	甲萘威	2.5
滴滴涕	0.1	双甲脒	0.5（梨果）
亚胺硫磷	0.5	四螨嗪	1
氯氟氰菊酯	0.2（梨果）	代森锰锌	5（小粒水果）
氯菊酯	2	代森锰锌	3（梨果）
氰戊菊酯	0.2	除虫脲	1
氟氰戊菊酯	0.5	溴氰菊酯	0.1（皮可食）
溴螨酯	5（梨果）		

注：mg/kg = 毫克/千克。
资料来源：中国国家咨询点报告，主要国家农产品农药残留限量标准，农业标准公告，2004 年。

　　据统计，我国目前和蔬菜相关的强制性国家农残检测标准有 34 项，农药 52 种，涉及农药残留指标 58 项[1]。不管是在农药检测技术及农药使用标准上还是农药残留限量标准体系上我们与发达国家都有明显差距。

　　再看有机护肤品的认证，目前，国内针对有机护肤产品的认证完全没有。国外目前最严格的认证是澳大利亚的 OFC 和美国的 USDA，通过这两个认证的产品

---

[1] 《中国农产品农残标准》，百度文库，https：// wenku. baidu. com。

品牌信用普遍极高，而这样的认证也成为他们的身份证，比如，其中最有代表性的品牌澳大利亚的 JASMIN，选择这个牌子的绝大部分消费者是信任这两个有机认证，通过认证，关注此类产品的消费者获悉 JASMIN 作为天然有机护肤产品除了所含的植物成分，是由获得有机认证的有机植物提取物所组成的，产品中不能添加人工香料、色素及石油化学产品等对皮肤不利的成分，其中所添加的防腐剂及表面活性剂都受到了严格限制，而且在制造过程中不能使用动物实验及利用放射线杀菌，其配方和工艺非常复杂。也就是说，从土壤、水源、植物原料、生产工艺、包装全部以有机的标准严格要求，因此，产品的制造成本相对高昂，但对人类的健康是有利的，即使价格不菲，JASMIN 产品依然被一批忠实顾客长期购买。

一个螺丝，中国制造的 1 元一个，进口的 20 元一个，还得预订。电气上用得最多的 PLC，变频器等基本上是进口的。这足以说明低标准生产出的产品既不安全也没有竞争力。

我们可以做这样的分析，一个实行低标准的市场，技术壁垒低，准入的企业自然就多，这么多的企业实力和水平参差不齐，差的企业就会搞价格战引发恶性竞争，标准高、成本高的产品被驱逐出市场，如果大家都不去花大成本生产标准高的产品，这样的后果自然就是损害消费者的利益的同时也会阻碍技术的进步，影响我国的经济竞争力。因此，目前我们的很多认证在国际上得不到认可。低标准的问题不解决，我们就无法应对经济全球化下的各种技术壁垒，更不用谈我国第三方认证的国际影响力问题。其逻辑关系如图 4－1 所示。

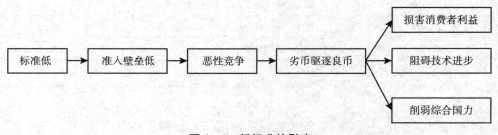

图 4－1　低标准的影响

降低标准，是以牺牲众多消费者的身体健康为代价的，这样的低标准最终损害的是消费者的利益。也是这样的低标准导致了众多中国消费者"舍近求远"对进口奶粉、进口食品等洋产品的偏好。从长远看，低标准也不利于我国的技术进步，损害我国的国际竞争力。

科学的认证标准还包括有效的检测手段和检测指标。以我国奶业为例，三鹿奶粉事件之前检测蛋白质含量只依靠检测氮含量，奶农向鲜奶中添加三聚氰胺来提高氮含量。三鹿奶粉事件之后，拉曼光谱法、ELISA 试剂盒法等方法被用于检测三聚氰胺。

我国标准失位现象也较为严重。例如，有的行业或者产品尚无标准，特别是对有很大认证潜力的领域，对新产品、环保、节能、食品以及农副产品等的标准制定不够及时、不够系统，有些标准的权威性和科学性也不够，导致我国第三方认证的依据不足，客观性不强，认证引领经济发展的作用没有被发挥出来。另外，我们对某些国际标准的理解和翻译仍然存在问题，导致我国第三方认证的国际标准转化率不高，影响了认证的效果。我国的第三方认证活动与认证标准制定体制之间的分离产生信息共享不充分、管理不协调等问题，导致了认证活动和认证标准之间还未达到相互促进、相互检验并不断提升的程度，这也反映出我国认证标准的制定还体现出计划经济的特点，不公开、不透明，参与主体不够专业、权威和广泛。

因此，我们要在技术认证和标准上加强与国外的协商和切磋，及时反映国外同行业的认证和标准的发展动态。加强对行业企业技术认证和标准的建立和完善工作。以使我国产品更顺利地打进国际市场，消除贸易壁垒的消极影响。使我国的认证标准与国际相接轨，提高我国的认证标准。

4.1.5　我国第三方认证整体能力和人员方面的问题分析

第一，我国认证机构数量多，但目前为止还没有建立起在国际上有影响力的认证品牌，认证机构整体能力和国际同行业之间还存在明显差距。以 CB[①] 证书为例，目前，全球共有 CB 证书 4 万多份，中国企业持有约 2 万多份，其中，CQC（中国质量认证中心）发放了将近 9000 多份，70% 是为了产品出口而做的认证，但是国外承认的只有 10%，对其中 90% 的认证结果提出了质疑[②]。

第二，第三方认证机构的管理体制和现代化信息建设都较为滞后。认证机构的人事管理制度相对陈旧和落后，难以激发认证工作人员的工作积极性。例如，很多认证机构对认证人员实行简单的计时工资制度，没有根据审核员的审核成果

①　CB 体系的正式名称是"Scheme of the IECEE for Mutual Recognition of Test Certificates for Electrical Equipment" － "IECEE 电工产品测试证书互认体系"。CB 体系的缩写名称意思是"Certification Bodies' Scheme" － "认证机构体系"。CB（认证机构）流程基于 IECEE "电工产品合格测试和认证的世界体系"的国际协议而建立。它是该体系内的国家认证机构之间的协议，致力于电工产品审核结果的相互认可。参加 CB 体系的国家来自包括主要的工业化国家在内的 53 个国家的指定机构，目前均隶属于 CB 认证流程——它被认为是欧盟内许多国家（包括那些尚未成为正式成员国的国家）的国内认证的基础。

②　张锐：《第三方认证机构在我国的发展》，载《北方经济》2008 年第 4 期。

设计差别报酬。有时由于认证机构收费较低，认证人员还从被认证企业领取补贴或者报酬，这样就难以避免认证人员为企业开绿灯。总体上认证机构对认证程序的监督管理也比较松散，影响着整体的认证效果。

认证机构内部网络化和信息化建设的硬件和软件都比较滞后，制约着认证活动的有效开展。国际知名的认证机构在这方面的投资和建设比较到位，审核员在任何地方从事审核活动，都能够随时从总部得到标准、方法等方面的信息，极大地促进了认证活动的开展，保证了认证的严格性、规范性和有效性。而我国的认证机构大部分没有自己的服务网络和信息网络，认证活动主要依靠审核员的经验积累，主观性难免较大。

第三，第三方认证对经济和社会的引导作用没有被发挥出来。构建环保节约型社会、转变经济增长方式、落实约束性指标等不断推进，对认证提出了相关的业务要求。但是，目前我国的认证机构在环境保护、节能降耗等方面开展有效认证工作的能力储备整体上还不能满足需要。认证机构的能力与未来认证事业发展的要求存在明显差距。

第四，认证人员业务能力和职业操守有待提高。我国实行的是认证人员入门考试制度，只有通过入门考试、完成注册方有资格进行认证审核工作，但是现有的认证工作人员普遍上专业技术教育缺乏、经验不足、自身道德素质不高，不能完全满足认证的需要，制约着认证活动的有效开展。

很多审核员不具备现场审核的专业知识能力，自己不去审核现场的关键场所和部门，安排非专业审核员做自己的工作或者在现场找不到重点，干脆走马观花、蜻蜓点水。这种审核判断体系的信用根本无从谈起，审核卷宗交到机构审批，机构也会头疼不已。有些专业审核员尽管学历背景不错，可是没有相应的工作经历，只知道理论，没有实践，连车间也没见过，到了企业纯粹就是纸上谈兵。有些专业审核员喜欢拿理论审核新问题，比如，在信息技术行业，基本上2～3年软硬件技术就要更新换代，在这样飞速发展的领域，老眼光、老知识显然不行。审核员的专业知识也影响着认证机构的认证信用。

除了审核员个人素质以外，审核一致性也是审核有效的重要组成部分。常听到受审核方抱怨"上次审核员怎么没提出这个问题，这次就变成不符合项了"。或者是"这次审核员对标准条款的要求和以前的审核员说的不一样"，等等。这家机构的审核员是这样审核的，而换一家机构的要求就不一样了。甚至同一家机构的审核员也会对标准的理解或者审核发现产生偏差。当然，这种不一致是不可避免的，是客观存在的。造成这种不一致无外乎两种原因：一是对于审核员来说，工作经历、专业背景、工作方法、对标准的理解程度都是不尽相同的，因此，审核中提出的问题、列出的不符合项肯定也是不一样的。二是对于认证机构来说，机构的定位、审核方案的管理、人员能力评价系统的建立和保持的情况也各有侧重，并且审核是一项基于抽样的活动，收集的符合性证据和做出认证决定的充分性也存在差异。因此，审核在形式和内容上的不一致也是客观存在的。

部分认证机构的审核员聘用及管理不规范，并未建立完整的内部文件档案，不按规定合理安排审核组人员。有的认证机构为了降低成本，会减少对有能力审核员的聘用，减少培训，以降低固定成本的投入；有些认证机构还会减少审核人数和日数，甚至不用专业能力强的审核人员，更有甚者弄虚作假，以降低变动成本。另外，大量安排审核负荷，使得审核人员处于过度疲劳的状态，不重视人员培训，不及时传达认证认可的相关法律法规标准，审核员在业务能力和新知识的掌握方面仍然是比较薄弱的环节。

在我国的认证认可事业取得显著成效并对我国的国民经济和社会发展做出巨大贡献的同时，我们也看到了现行我国的认证认可制度不完善、体系不健全的现象。认证认可的种类形势不能满足国家发展的需要，认证方面需要全面改善，认证机构也没有实现政企分开，其结构不规范，能力和素质相较于国际认证机构也有很大差距，认证的采信度还不够高，对国民经济的作用也有待进一步加强，国内和国际合作的广度和深度不够，我国国内认证在国际上的地位和我国贸易大国的地位不相符，这些存在的问题，与落实科学发展观、构建和谐社会的总体要求相比还有明显差距。

4.2 我国第三方认证存在问题的影响分析

通过以上分析我们可知，我国的认证认可虽然具有了较快的发展速度，但认证质量却让人担忧，认证的信用问题已危及我国认证认可事业的长远发展。随着认证工作的不断深入，其危害性也越来越凸显出来。

如果发挥这个重要功能的第三方认证是一个虚假认证，那么造成的社会危害可想而知，几十万人组成的庞大的认证机构，为数众多的企业进行过和正在进行着第三方认证，这其中产生的社会成本有多大？而这样的成本支出获得的产出若是一些不可靠的第三方认证，这样的认证不仅无任何价值，还会更进一步地加大选择成本、误导消费者，造成大量的社会资源浪费和社会资源配置的扭曲。

4.2.1 误导消费者，侵害消费者权益

正是因为在信息不对称中消费者处于信息劣势方，消费者自己无法判断产品

质量和成分的好坏，消费者没有办法对生产者的生产过程进行评价，更无法对产品的质量特性做出科学的检查，因此，很难做出有效的选择。选择成本极大，出现市场失灵现象，逆向选择问题大量存在，社会福利大幅度降低。市场需要第三方介入来提供一个产品质量的信号，于是第三方认证作为一种制度安排被普遍采用。一方面，这个信号是对生产者向外界传达的信息进行监督；另一方面，该信号是为了令消费者信任、打消顾虑。通过第三方认证机构按照相应的标准进行认证，通过规范和达标，把产品转换成标准化产品。很自然，消费者会把第三方认证作为一个购买依据进行购买行为，有时候还要为这个认证支付更高的价格，例如，有机食品就比普通食品在价格上高出若干倍。而如果这个"信号"是没信用的，最终损害的是消费者的利益。消费者被误导了，甚至可以说，消费者被侵权了，消费者的知情权、自主选择权、求偿权被不具备信用的第三方认证所侵害。《消费者权益保护法》第八条明确规定："消费者有知悉其购买、使用的产品或者接受的服务的真实情况的权利。消费者有权根据产品或者服务的不同情况，要求经营者提供产品的价格、产地、生产者、用途、性能、规格、等级、主要成分、生产日期、有效期限、检验合格证明、使用方法说明书、售后服务，或者服务的内容、规格、费用等有关情况。"该法第十九条还规定："经营者应当向消费者提供有关产品或者服务，不得作引人误解的虚假宣传。"这两条规定表明消费者有权利要求经营者提供真实可靠的信息，消费者有权利要求了解产品质量的真实情况。即经营者在提供产品和服务的同时需要保证提供的产品和服务信息真实可靠。但是，无信用的第三方认证造成了信息不对称，侵犯了消费者购买产品时的知情权。

《消费者保护法》法第九条规定："消费者享有自主选择产品或者服务的权利。"这一规定明确了消费者有自主选择权，可以自主进行选择消费。虽然虚假认证并没有让消费者强买强卖或者限定其购买，但是误导了消费者，让消费者误认为他们的产品是合格产品，这种产品和服务会比其他的产品和服务更可靠，于是消费者就会倾向于选择有此认证的产品或服务。

《消费者权益保护法》还规定："消费者因购买、使用产品或接受服务受到人身、财产损害的，可以依法获得赔偿。"但是，在实际生活中，到目前为止消费者面对虚假认证行为时是很难获得赔偿的。这说明不具备信用的第三方认证也会对消费者的请求权造成危害。

4.2.2 影响我国企业的国际竞争力

加入 WTO 后，在国际通用标准规则下，我国也参与着国际经济的竞争和合作，国际国内的市场相互融合，国内市场面临更严峻的考验和更激励的竞争。一些发达国家的企业在努力增加贸易出口额的同时，基于贸易的保护需求，将认证认可作为贸易保护的措施，利用他们管理和技术上的优势设置了一些技术性壁垒。例如，在欧美，要求市场上交易的工业产品至少 40% 带有 CE 认证标志。虽然美国的联邦法律中没有做出具体规定，但是美国各州都有相关的法律来要求对安全风险大的产品进行认证，只有贴 UL 标志的产品才能进入美国市场。目前，我国出口美国产品带有 UL 认证的工厂有 7000 多家。加拿大和美国的某些规定相似，许多的工业产品想进入加拿大必须通过其相关的标准认证，而且必须加贴 CSA 标志才能进入市场。现在，我国出口加拿大的工业产品的生产企业有 2000 多家。我国在国际上有贸易大国称号，如果我国进行不正当的价格竞争，降低产品的价格，不仅会使我国的产品利润减少，还会在国外造成不良影响，造成廉价印象，如果国外企业告我们反倾销，我们还会遭到贸易的制裁，这将对我国产生非常不利的影响，因此，价格竞争是不可取的。

自 20 世纪 70 年代以来，我们已经把产品质量竞争当作国际竞争的主要方式，质量竞争已被公认为"第三次世界大战"，对能否成功得到国际市场的认可从而在国际市场上有一席之地，已经形成了共识，只有不断根据相关标准和要求来提高产品的质量水平才能拓宽销售渠道、占领市场。1987 年，国际标准化组织颁布的 ISO9000 认证标准已经成为国际上通用的质量认证标准，颁布该标准是为了减少信息不对称，减少国际市场交易成本并建立统一的认证标准体系。目前，ISO9000 系列标准已经被超过 80 个国家采用，包括欧盟国家、美国、日本等发达国家。我国企业若想扩大贸易、把企业打入国际市场，首先就要通过 ISO 质量认证。

但是，随着国际贸易的不断扩大，我国很多 ISO 认证机构为了争夺客户资源，采取了降低认证审核标准、压低价格等恶性竞争手段，有的认证机构抓住了企业想要急切获得证书的想法，承诺"一手交钱一手给证"、甚至先给出认证证书再审核的方式。这些不正当的竞争在国际上造成了极坏的影响，认证水平和含金量已经遭到了质疑，这引起很多国外企业对我国 ISO9000 认证证书不信任、不理睬，采用以前的方式，派专业人员亲自来监督审核，这样加重了我国企业参与国际贸易的成本，也影响了我国企业的国际竞争力。

4.2.3　影响我国政府公信力和社会信用体系

第三方认证机构和国家机关部门之间的诸多牵连，为寻租制造了空间。寻租作为一种非生产性的寻利活动造成了大量的资源浪费。另外，我国目前第三方认证机构政企不分的现状既影响了第三方认证的信用度，也影响了政府公信力。我国为数不少的认证机构是在改革开放初期顺应时代发展的需要成立的，是典型的政府附属机构性质，认证机构从总体来讲大多是按照政府的意愿建立的，基本难以和政府机关相区别，在特定的活动范围内根据政府的委托履行一些原本应由政府来行使的职权，在某些情况下行使着"准政府"的职能。部分机构以认证为名并根据自身的特殊身份进行违规操作，实际上是利用政府的公信力寻租，使公众对政府的公信力产生信赖。这在侵害了公众的利益的同时，也损害了政府的公信力。

政府需要用公信力来维护公众的利益。社会信用的基石是政府的公信力，如果政府的公信力下降，就会对政府和公众的关系构建产生不利影响，使社会的信用失衡，扰乱正常的社会秩序，增加政府的运作成本，也会阻碍诚信市场的建立并制约着社会主义市场经济体系的发展和完善。这样最大的直接受害者就是政府。我国一些认证机构依靠政府部门的这种管理体制不符合市场经济的发展规律，从长远看也限制了整个认证机构行业的健康发展。

从广义上来讲，信用的含义是主观上的诚实守信和客观上的偿付能力的统一，具体来说就是以寻求长期的利益最大化为目的的经济主体建立在诚实守信基础上开展合作，由此发展形成的市场交易的规则和制度。信用是市场经济的生命，市场经济是法治经济和信用经济，一个良好的信用环境可以降低由信息不对称造成的交易萎缩、逆向选择和道德风险，降低市场交易成本，减少不必要的费用，使资源优化配置。

当前一些第三方认证行业正在损害着社会信用体系。在市场经济中，产品认证、检验、评估等服务机构应该作为重要的支持性信用制度体系服务于市场经济，本质上是为解决信息不对称、缩减交易成本和选择成本而存在的。而当前，一些虚假认证充斥在市场经济中，根本原因之一就是缺乏一个系统的诚信体系，往往有一批体系之外的组织脱离了约束，市场本身的规范体系无法对其实施管制，使其得不到根本性的惩罚。另一个原因就是有很多组织机构、认证企业对规范体系没有产生足够的重视，对其置若罔闻，而且这些机构对消费者也缺少应有的尊重和责任。

在虚假认证、恶性竞争、标准有失科学和检测手段落后等普遍存在的情况下，第三方认证的信誉、质量、口碑等"光鲜的外衣"被一层层地剥下。作为消费者在市场选择中信赖的质量评测标准和作为检验服务工作的第三方检验评测机构及系统，其价值何在、信誉何在、公正何在？本来就不健全的市场秩序被这些问题认证搞得乌烟瘴气，这样的认证对市场秩序和社会信用体系造成了一定程度的损害，也使得我国第三方认证的"良果"荡然无存。当前，我国的信用环境在一步步地下滑，这与我国的经济发展和社会进步是背道而驰的，制约了我国经济和社会发展前进的步伐，最终形成了我国生产力和社会发展的"瓶颈"。市场经济的信用缺失还有许多的危害，它不仅增加了企业的经营成本，还破坏了企业的生产经营活动，最终的结果是严重影响了消费者和投资者的利益，使得经济环境受到了严重的破坏。这样恶劣的连锁反应造成了企业无法投资，银行无法良性放贷，政府的宏观调控政策和相关政策工具也难以有效发挥作用，政府启动投资、扩大内需政策的效果大打折扣，造成了社会资源的巨大浪费。

信用体系的恶化对社会的法制基础也产生了直接的破坏，各类市场经济活动无视法律的权威和合同的约束，使得法律框架难以构建。在恶劣的信用关系中，许多企业以种种非正当的手段展开竞争，败坏了社会风气，缺失了道德水准。对企业本身而言，信用体系的破坏也必将造成市场风险的加大、生产成本的增加。虚假认证和其他不科学认证对社会信用体系所造成的危害不仅显而易见还将恶性循环。

4.3　我国第三方认证消费者认可度和支付意愿的有限样本分析

第三方认证能否被广大消费者和社会公众所认知和认可，是第三方认证事业的生命力所在。正如我们前面所分析的，第三方认证的根本价值在于提供有效信号来指导消费者的购买行为，从而降低选择成本，而决定第三方认证是否有价值的则是消费者在购买过程中是否采信于第三方认证，消费者对加贴认证标志的商品的认知、态度及支付意愿如何。消费者对第三方认证的评价和认可度，从另一方面反映了第三方认证对经济和社会发展的贡献，体现了第三方认证的社会公信力，是第三方认证的基础和生命力所在。

为调查社会公众对第三方认证的认知程度与认可程度以及对第三方认证产品的购买行为，了解当前第三方认证存在的问题，为第三方认证的发展提供可行的政策建议，笔者于 2011 年 12 月对 294 名消费者进行了调查研究。本研究采用的人口统计学变量主要包括年龄、性别、受教育程度和健康。这些因素会影响消费者对有机食品认证的了解程度和接受程度，从而影响消费者对有机食品的购买行为。

本研究的问卷共有 26 个条目，其中，有 11 个条目是调查消费者对有机食品和第三方认证的认知程度，有 10 个条目是调查消费者对有机食品和第三方认证的态度和评价，有 5 个条目是调查消费者对认证产品的支付意愿。

研究中，我们选择了能代表社会主流消费观念和主张并有一定消费自主性、年龄在 18~45 岁的在校大学生群体以及企事业单位中的中青年群体为调查对象。他们的平均年龄为 32 岁，其中，男性 149 人，占 50.7%；女性 145 人，占 49.3%。受访的消费者普遍具有较高的学历，其中，本科及以上学历的消费者占 89.1%，较好的教育背景代表着这部分消费者接受新生事物的能力较强，态度也会较为积极。具体统计数据分析如表 4-3 所示。

表 4-3　　　　　　　　　　人口统计学变量的描述统计

变量	变量特征	占比（%）	变量	变量特征	占比（%）
年龄	青年 18~30 岁	56.3	家庭人均年收入	低于 5000 元	32.0
	中年 30~45 岁	43.7		5000~10000 元	22.8
性别	男	50.7		10000~30000 元	24.1
	女	49.3		30000~100000 元	16.3
				100000 元以上	4.8
教育水平	初中及以下	4.8	职业	自家务农	2.7
	高中	5.1		打工人员	13.4
	大学	86.7		企事业单位员工	35.9
	研究生	2.4		学生	35.6
				其他	12.4

4.3.1　消费者对有机食品和第三方认证的认知程度

对调查数据的分析显示，有 86.1% 的消费者表示知道有机食品，有 77.9% 的消费者表示知道有机食品是要通过认证的（见表 4-4）。而对有机食品的表述回答的数据显示，回答正确的消费者仅占调查总体的 23.1%，回答错误的调查对象中有 52 人将有机食品等同于保健品，占全体调查对象的 17.7%。这表明消费者对有机食品的理解还处于较浅的层面上。

从调查中，我们也可以看出消费者在购物过程中对有机食品标志的留意度并不高，只有 13.9%，对相关食品认证机构的认知程度相对较低，只有 6.1% 的消费者能够说出某个食品的认证机构。说明目前我国消费者对第三方认证的整体认识明显不足，认证机构在消费者中的影响力也远远不足。

在消费者买到有质量问题的产品时的通常做法中，有 33.0% 的消费者选择这次算了，下次不再买了；51.0% 的消费者会选择找商场退换货；只有少数的消费者会选择找厂家赔偿和找消费者协会等部门进行投诉，这说明目前消费者的维权意识并不强，对"商场可以退换货"已经满足，而对因消费过程中造成的身心伤害的求偿权并无明显要求。我国消费者的维权意识的现状也给虚假认证和诸多企业提供了不良作为的机会。

表 4 – 4　　　　　消费者对有机食品和第三方认证的认知度　　　　　单位：%

有机食品	认知度	第三方认证	认知度
听说过有机食品	86.1	识别 UL	10.9
知道有机食品是通过认证的	77.9	识别 ISO9001	50.3
食品安全等级：无公害食品＜绿色食品＜有机食品	51.7	识别 ISO14001	21.1
购物时留意有机食品标志	13.9	识别 CE	33.0
售货员在介绍时才留意有机食品标志	48.3	识别 CCC	38.4
能列举食品认证机构名称	6.1	能列举其他第三方认证	5.1
正确表述有机产品	23.1	正确表述第三方认证	3.7
买到有质量问题的产品时，通常做法是：		正确认识认证机构特点	13.9
（1）这次算了，下次不再买了；	33.0		
（2）找商场退换货；	51.0		
（3）找厂家赔偿；	6.8		
（4）找消费者协会等部门进行投诉	9.2		

4.3.2　消费者对有机食品和第三方认证的态度与评价

87.4% 的消费者认为第三方认证是有必要的，但是对第三方认证的信任程度却不理想，非常相信的消费者只占了 9.9%，43.2% 的消费者表示第三方认证的可信度为"一般"。虽然消费者对目前的第三方认证不甚信任，但 83.9% 的消费者认为认证的信用度对第三方认证来讲是很重要的。

从调查的结果来看，消费者普遍认可承诺对产品的质量问题承担连带赔偿责任的认证机构，认为负连带责任的第三方认证的信用度较高的占了 84.7%，可见责任承担对于第三方认证的信用有直接影响。另一方面，信息的透明和相对完备也直接影响消费者对该认证的采信度。92.5% 的消费者表示认可"不仅显示有机认证标志，还有认证机构的名称和认证机构的具体联系方式"的第三方认证。具体如表 4 – 5 所示。

表 4 - 5　　　　　　　　消费者对有机食品和第三方认证的态度与评价

认证必要性	占比(%)	认证可信度	占比(%)	认证以盈利为目的	占比(%)
(1) 完全没必要	5.4	(1) 完全不相信	3.4	(1) 非常相信	17.3
(2) 没必要	3.1	(2) 不太相信	20.4	(2) 比较相信	26.2
(3) 不知道	3.7	(3) 一般	43.2	(3) 一般	22.1
(4) 有必要	44.2	(4) 比较相信	23.1	(4) 不太相信	29.3
(5) 非常有必要	43.2	(5) 非常相信	9.9	(5) 完全不相信	5.1
认证机构承诺对产品的质量问题承担连带赔偿责任，认证机构的信用度	占比(%)	食品卫生与食品安全问题	占比(%)	有机食品认证信用度	占比(%)
(1) 非常低	1.0	(1) 完全不担心	1.7	(1) 一点也不重要	1.7
(2) 较低	2.7	(2) 不太担心	4.1	(2) 不太重要	3.1
(3) 一般	11.6	(3) 一般	10.2	(3) 一般	11.4
(4) 较高	56.8	(4) 比较担心	35.7	(4) 比较重要	16.1
(5) 非常高	27.9	(5) 非常担心	48.3	(5) 非常重要	67.8
认证食品与普通食品间	占比(%)	哪一种认证信用度更高			占比(%)
(1) 没区别	2.4	(1) 只是显示有机认证标志			1.0
(2) 区别不大	21.4	(2) 不仅显示有机认证标志，还有认证机构的名称			6.5
(3) 有些区别	38.4	(3) 不仅显示有机认证标志，还有认证机构的名称和认证机构的具体联系方式			92.5
(4) 有很大区别	37.8				
第三方认证对消费者	占比(%)	不买有机食品的原因			占比(%)
(1) 无利	3.4	不信任			16.0
(2) 无差别	18.4	价格太高			75.9
(3) 有利	78.2	其他			3.4

4.3.3　消费者对认证产品的支付意愿

在我们所调查的有限样本中，我们没有看到消费者对第三方认证强烈的支付意愿，即使"倾向于买有机食品标志的那一组，但要看价格是不是在可接受的范围之内"。大部分消费者意愿为有机食品、地板、空调三大类代表信息不对称程度较大和直接关系身心健康的产品的第三方认证的支付空间都是不高于普通产品的 20%。具体如表 4-6 所示。

表 4-6　　　　　　　　　　消费者对认证产品的支付意愿

看到两组产品，一组有有机食品标志，另一组没有有机食品标志	占比（%）	愿意为有有机食品标志的那一组产品支付较高的价格吗?	占比（%）
(1) 买没有有机食品标志的一组	4.1	(1) 非常不愿意	7.1
(2) 买价格低的那一组	11.9	(2) 比较不愿意	13.9
(3) 倾向于买有机食品标志的那一组，但要看价格是不是在可接受的范围之内	72.1	(3) 一般	48.3
(4) 买有有机食品标志的一组	11.9	(4) 比较愿意	24.8
		(5) 非常愿意	5.8

愿意为有详细认证信息并且认证机构承诺连带赔偿的有机食品认证支付高于普通食品多少的价格支付?	占比（%）	愿意为通过有详细认证信息并且认证机构承诺连带赔偿的有关环保第三方认证的地板支付高于普通地板多少的价格支付?	占比（%）
(1) 20% 以下	63.3	(1) 20% 以下	54.1
(2) 20% 到 50%	26.5	(2) 20% 到 50%	34.4
(3) 50% 到 100%	6.5	(3) 50% 到 100%	9.2
(4) 100% 以上	3.7	(4) 100% 以上	2.4

愿意为通过有详细认证信息并且认证机构承诺连带赔偿的第三方认证的空调支付高于普通空调多少的价格支付?	占比（%）		
(1) 20% 以下	57.8		
(2) 20% 到 50%	27.9		
(3) 50% 到 100%	10.9		
(4) 100% 以上	3.4		

4.3.4 第三方认证的认知程度、态度评价和支付意愿的关系分析

为便于量化分析，我们将调查对象的答案进行等级计分。如附录第 9 题："您认为第三方认证有必要吗？"如果调查对象选择"完全没必要"计 1 分，选择"没必要"计 2 分，选择"不知道"计 3 分，选择"有必要"计 4 分，选择"非常有必要"计 5 分。其他题项均与此相同（17 题不予计分），计分情况可参见表 4-4、表 4-5、表 4-6。

认知程度得分 = 条目分之和/20（总分），得分区间在 [0.100，1]；

态度评价得分 = 条目分之和/40，得分区间在 [0.225，1]；

支付意愿的得分 = 条目分之和/21，得分区间在 [0.238，1]。

根据以上公式，计算出消费者对有机食品和第三方认证的认知程度、态度评价和支付意愿的分值。294 名调查对象对有机食品和第三方认证的认知程度为 0.42±0.13 分（$\bar{x}\pm s$），态度评价为 0.72±0.08 分，支付意愿为 0.51±0.11。这说明消费者对有机食品和第三方认证较为认可，持有较多积极的态度评价，但是消费者对此的认识了解度还有待很大的提高，消费者对认证产品的购买意愿处于中等水平，因而，提示我们消费者对认证产品的购买意愿还有很大的提升空间，目前，我国第三方认证的品牌形象树立和认证基本知识的宣传和普及力度亟待加强。

研究中我们采用 SPSS 13.0 软件中的斯皮尔曼相关分析对认知程度、态度评价和支付意愿两两之间进行了相关分析。斯皮尔曼等级相关（spearman's correlation coefficient for ranked data）主要用于解决称名数据和顺序数据相关的问题。适用于两列变量，而且具有等级变量性质、具有线性关系的资料。由英国心理学家、统计学家斯皮尔曼根据积差相关的概念推导而来，一些人把斯皮尔曼等级相关看作积差相关的特殊形式。计算公式为：

$$\rho = 1 - \frac{6\sum d_i^2}{n^3 - n} \qquad (4-1)$$

n 为等级个数，d 为二列成对变量的等级差数。

如表 4-7 所示，认知程度与态度评价呈显著正相关（$\rho = 0.16$，$P < 0.01$），表明消费者对有机食品和第三方认证的了解水平越高，对有机食品和第三方认证就会有越多的积极正向的评价；认知程度与支付意愿亦呈显著正相关（$\rho = 0.25$，$P < 0.01$），表明消费者对有机食品和第三方认证的了解水平越高，购买意愿越强烈。这也就意味着若要提高消费者对有机食品和第三方认证的态度评价和支付意愿，加强消费者对第三方认证的正确认识是关键，而建立这个正确认识除了要加

强认证宣传力度和认证知识的普及力度外，第三方认证树立品牌形象、提高品牌信用则是根本出路。

表 4 - 7　　　　　　　认知程度、态度评价和支付意愿的相关分析（ρ）

项目	认知程度	态度评价	支付意愿
认知程度	1.00	0.16 **	0.25 **
态度评价	0.16 **	1.00	0.01
支付意愿	0.25 **	0.01	1.00

注：* $P < 0.05$，** $P < 0.01$。

第5章

第三方认证品牌信用的乘数模型分析

认证活动之所以具有生命力，并得以迅速发展，归根结底是因为有信用度的第三方认证可以降低选择成本、提高资源配置效率。具体来说，是由独立的技术权威机构按照严格的程序做出的评价结论，具有极高的可信度；是由于第三方认证为法律部门在推动法规及标准实施时提供了紧急、有效的帮助，从而取得了政府对认证的依赖，提高了认证的权威地位；也是我国产品开拓国际市场的需求所致，产品进入国际市场，产品的质量、安全、健康、环保等是否符合相应的标准和要求是参与国际贸易的各方关注的问题，通过第三方认证来证明其符合性已成为一种行之有效并被广泛接受的方式。

从品牌经济学的角度看，提供市场交易所需要的信号，从而最大程度地降低消费者的选择成本是第三方认证制度的价值所在。要真正体现这个价值，就需要第三方认证在买卖双方之间提供真实可靠的相关信号来架起交易的桥梁，以便促进市场交易的顺利进行。随着我国市场经济的发展和世界经济全球化步伐的加快，第三方认证是必不可少的制度安排。

通过前文对第三方认证存在问题的分析我们也看到，在认证市场上的制度、操作、责任承担、人力资源管理、标准和检测技术等方面存在诸多问题，因此，第三方认证在提供信号甄别机制和信号显示机制减轻信息不对称的同时，自身也存在着严重的信息不对称。如果第三方认证不能提供独立公允的鉴证，就会提供错误的信号来误导消费者、扰乱市场秩序、扭曲社会资源配置，因此，这样的认证不仅仅是无效的，还是有害的。由于缺乏透彻的理论研究和实证分析，我国认证认可虽然具有了较快的发展速度，但是认证质量却让人担忧，认证的信用问题已危及我国认证认可事业的长远发展。政企不分、监管不灵、认证机构的连带责任落实难以到位、制度漏洞、虚假认证、认证机构之间恶性竞争、认证审核人员素质参差不齐等问题都明显地存在于我国目前的认证行业中。

消费者在信用度不高的第三方认证面前，要么选择"信"，要么选择"不信"。消费者如果选择"不信"，那么，第三方认证促进购买的作用难以实现，消费者自然也就不存在上当的问题；如果"信"，则对第三方认证的产品和服务要么购买，要么不购买，不购买则不会上当。而如果其购买结果是要么上当，要么不上当。我们会发现，这种不确定性加大了消费者的选择成本和贩买风险，购买则有上当的可能，不购买肯定不会上当，更为严重的是，消费者会觉得（不购买，不上当）是个无风险且很经济的选择。而消费者如此选择的一个直接结果就是第三方认证市场的萎缩甚至是消失。所以，我们亟须找到第三方认证的信用保障机制，降低选择成本和购买风险，使"购买"成为消费者不假思索地选择，使"不上当"成为这个选择的结果。消费者对第三方认证的选择如图5－1所示。

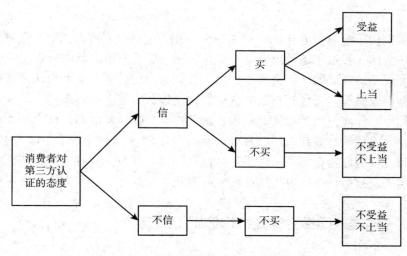

图5－1 消费者对第三方认证的选择

信用指的是对承诺的实现，因此，信用自身包含的要素有：谁发出的承诺、对谁发出的承诺、承诺了什么、如何保证该承诺得以实现。在信息不对称的条件下，还需要对这个承诺是否能实现有一个监督。对第三方认证而言，认证给出的是一个"书面证明"，对消费者而言，这种书面证明就是一种承诺，这种承诺由某个认证机构给出，这种承诺是以某认证标准为依据给出的，承诺的是某个企业的某种产品、服务或过程符合了某种标准。因此，我们认为，第三方认证自身的信用取决于三方面：认证机构、认证标准、认证对象，也就是说这三个"点"决定了第三方认证自身有效性的高低。但是，在第三方认证的领域中，也存在信息不对称，第三方认证自身的信用度再高、再权威、再可靠，如果不被消费者认可，也没有任何经济意义，因此，在第三方认证本身有信用的基础上，只有得到媒体代表的大众消费者的认可，这个第三方认证才能称为有信用，才能真正降低消费者的选择成本。如果某个第三方认证在认证机构、认证标准、认证对象、传播媒体认可这四个方面都是具有信用的，那么该第三方认证的品牌信用就确立起来了，这时候该第三方认证就完成了从"信号"到"符号"的转变，这个"符号"可以成为消费者放心购买的依据。因此，我们从认证机构、认证标准、认证对象、传播媒体认可这四个方面提出第三方认证品牌信用的乘数模型。

5.1 认证机构的信用分析

认证机构作为第三方认证"承诺"的发出方必须是具有诚信能力、独立、权威的经济主体。如果承诺发出者本身存在问题，那么发出的承诺可以实现的可能性就大大降低。这里的认证机构是一个广义概念，是指所有从事与认证认可工作相关的部门或组织，既包括一般的认证机构也包括实验室检测机构、认证培训和咨询机构等。目前，我们在认证机构、认证检测、咨询和培训工作中都发现了不少问题。随着认证行业在我国的蓬勃发展，我国的认证行业数量不断发展壮大，认证体系也日趋健全，但是，由于一些自身能力不够强大或者不具有认证资质等非法机构的恣意横行，导致了认证行业的混乱。

5.1.1 准入门槛对认证机构信用的影响

《中国经营报》通过查阅中国认监委官方网站，发现我国认证机构规模不等，背景不一，有些还自称背靠某某部委或科研机构。而中国认监委在调查中发现，认证混乱的现象非常普遍，常常出现一家认证机构的认证而其余的认证机构并不知道，假冒认证机构的例子也时常发生。执法和监管不严是造成认证混乱的一个重要原因，门槛设置较低导致了认证机构的大量涌入，这其中就包含了很多不法认证机构，最终导致了认证质量下降、认证信誉降低。因此，现阶段首先要提高认证的门槛，认监委要控制进入认证行业的认证机构数量、提高进入认证行业的条件，确保进入认证行业的认证机构具有相当的规模和水平。

提高准入门槛等于是提高了对第三方认证机构的最低要求，从源头上提高了第三方认证机构的服务质量和承担能力。通过提高准入门槛和严格审批程序来对认证市场的一个源头进行规范。源头如果有问题，认证的信用则无从谈起。准入门槛的提高可以从以下几个方面进行。

（1）提高注册资本金。《中华人民共和国认证认可条例》规定我国的认证机构注册资金必须达到300万元以上。一方面，这个注册资本金要与国民经济发展水平相联系；另一方面，这个注册资本金必须充分体现出该认证机构的实力和责任承担能力。我们认为300万元的注册资本金的规定显然是过低的，应该提高第三方认证机构的注册资本金并对该资本金的流向进行严格控制，防止借资注册。并且要对认证机构出资人的资信情况进行调查和建档，如果出资人曾经在认证行业中有过不良认证行为，则不允许再次出资成立认证机构。

（2）场所和必要设施的规定。《中华人民共和国认证认可条例》规定我国的认证机构要有固定的场所，我们认为仅仅有固定场所是不够的，必须要有长期、固定、正规的办公场所。用自有房产的，必须审核房产证书；租赁办公场所的，必须审核租房合同，租房期限须在合同里面明确注明。

从事产品认证活动的认证机构，应当具备与从事相关产品认证活动相适应的检测、检查等技术能力。对设备和检测仪器的权属问题进行确认，防止为应对审批和认可程序外借设备和仪器的情况发生；要对设备和检测仪器的先进性进行检测确认，禁止认证机构使用淘汰设备和仪器的情况出现。

（3）专职认证人员的规定。一方面，认证机构必须要具有多少数量以上的相应领域的专职认证人员；另一方面，每个认证人员的信用档案必须严格审核，每个认证人员必须只供职于一家认证机构，并且不得私自从事咨询业务；严格认证人员注册制度，每年都要对认证人员的业务素养和业务能力进行考核，对该队伍中有不良记录的人员和业务能力不达标的人员进行清理。《中华人民共和国认证认可条例》对原来被撤销资格、再次进入认证行业的相关人员也作了规定，但是规定条件过于宽松。

5.1.2　独立性对认证机构信用的影响

认证机构的独立性，是客观权威、公正实施第三方认证的重要保证，也是提高监管信用的重要前提。按照《中华人民共和国认证认可条例》和《中华人民共和国产品质量法》的要求，认证机构不得与行政机关和其他国家机关存在任何隶属关系或者利益关系。而在目前，我国很多认证机构本身就是规模庞大的事业单位，有的直接隶属于某个国家部委，有的虽然名义上和原隶属的行政机关单位脱钩，但是部委的服务中心仍然是某些认证机构的股东，这样的认证机构必然受到所属部门的影响和干预。独立性不足不仅影响了认证机构行为的规范性，也严重制约了行政监管的信用，成为制约认证信用的一个关键因素。第三方认证机构独立性问题不解决，认证的信用也难以实现。

第三方认证可以是政府机构或者民间组织，可以是营利性的专门公司，也可以是非营利性的机构。由政府主导的认证机构多是非营利性、专门从事公益性和强制性的认证机构，民间组织则更多是进行营利性、从事自愿性认证的。认证机构的地位应该是独立、客观、公正的。

为了赢得更多的申请组织或者市场份额，认证机构必须提高自身行为的权威性和公正性。无论是产品认证还是管理体系认证，都承担着对社会证明的功能，认证工作必须客观、准确，才能实现其价值，才能真正起到规范市场秩序、促进各行业发展的作用。这就要求认证机构必须保持中立地位，不能受利益双方中的任何一方或者其他组织的影响，才能保证审核结果的真实性、可靠性，才能真正保证认证工作的专业化，这是认证行业实现规范认证的基础。

5.1.3 人员素质对认证机构信用的影响

审核员的选择是影响认证信用的一个因素。

（1）审核员自身的素质。首先，审核员在职业道德、审核报告提供的及时性以及认证评价的客观公正方面的表现。个别认证机构在开展认证工作中存在审核员缺席或早退、审核组未按照审核计划开展审核等现象。其次，审核员对认证标准理解不到位，审核缺乏技术性和技巧性。

（2）审核员的专业能力。认证机构的认证业务需要有专业的审核员来支撑，审核组的现场审核深度要靠专业审核员来把握。在审核现场，企业把专业审核员当成专家，希望能借助他们的专业背景和经验来分析现在的管理流程，找出问题，想出解决办法。但是，有分不清楚高低压的电气专业审核员，不知道防静电衣是怎么穿的；也有不知道汽车机械原理的汽车专业审核员，指着装配中的各种零部件问"这个是干什么用的"。有些专业审核员为了藏拙，自己不去审核现场的关键场所和部门，安排非专业审核员替代自己，或者在现场找不到重点。这种审核判断体系的信用根本无从谈起，审核卷宗交到机构审批，机构也会头疼不已。审核员的专业知识结构和水平影响着认证机构的认证信用。

（3）认证机构对审核员的管理。认证人员是指从事认证及认证活动的人员，包括管理体系的认证审核员、产品认证检查员等，以及认证机构的业务管理人员。从事认证活动的审核人员应当经过注册机构注册后，方可从事相应的认证活动。审核人员的注册又称审核人员认证，它也是一种认证形式，是对审核人员满足相关标准或规范要求所提供的第三方证明。目前，我国从事审核人员注册的机构，是经过国务院认证认可监督管理部门确定的中国认证认可协会 CCAA。

国际标准 ISO10011－2：1991 对质量体系审核员规定了评定准则，对审核员教育、培训、经历、个人素质均提出了要求，要求审核员候选人应思路开阔、成熟，具有很强的判断和分析能力，能够客观地观察情况，全面地理解复杂的形势及各部门在整个组织中的作用。中国认证人员国家注册委员会（CRBA）根据这个准则和国际审核员培训与注册协会的规定，对审核员的教育、培训、工作经历、质量工作经历、审核经历均作出了具体要求。所有为获得资格而提供的审核培训、工作经历、审核经历均须经技术评价人员评价合格，在实习审核员晋级审核员前，还要通过审核员专业面试的考核。为了确保审核员的个人素质符合要求，CRBA 还规定了审核人员的行为准则。评定准则还对审核员工作能力的保持提出了要求，国际审核员培训与注册协会也规定审核员为保持资格，每年至少应完成两次完整的质量体系审核经历，并有不少于 15 学时的专业发展。中国认证人员国家注册委员会也对资格保持规定了具体内容，对认证人员的资格保持晋级、暂停、撤销均作出相应的规定。认证机构要规范审核员的聘用及管理，并建立完整的内部文件档案。

5.1.4　责任承担对认证机构信用的影响

每一种第三方认证通过某一认证商标都要向消费者发出该认证通过了哪一方面、哪种标准的认证信息。那么这种商标作为信号发出的标志，就承载了诸多的责任，例如，这一标志对消费者传达的信息是什么，带有这一标志的产品与该标志共同组成认证产品，那么这一标志就要为认证产品承担相应的责任。

第三方认证作为一种有效信号促进了市场交易的顺利进行，其根本作用就是通过影响消费者的选择，降低选择成本、提高资源配置效率，并且第三方认证行为都是收取费用的，只要是收费形式的第三方认证，尤其是经认证的企业出现问题后，如果认证机构不对受损消费者承担连带责任赔偿，那么这样既收费又不承担连带责任的第三方认证从逻辑上讲是不可靠的，是不值得信任的。

"产品认证"在一定程度上是让消费者"一站式"了解一个产品所需依据的法律法规、技术标准、需要检测的项目、需遵守的一致性要求以及对工厂质量保证能力的规定等。认证活动从本质上来说是一种保障活动，在消费者基于某种认证选择的某种产品由于不符合认证标准而给消费者造成损失时，消费者不仅可以向认证机构追偿，还可以向对此产品提供认证的认证机构提出追偿，使认证机构承担一定的风险。

首先，不仅仅是产品质量认证机构在出具不实认证时才需要承担法律责任，还应将从事管理体系认证和服务认证的认证机构也纳入承担法律责任的范畴；其次，对法律责任的承担方式应做出明确规定：认证机构应当与企业承担连带责任，以强化认证机构的法律风险，使其谨慎操作，不敢违规；最后，还应该用法律条文明确责任的性质：认证机构将为自己的虚假、不实认证不仅要承担民事责任（对消费者的赔偿责任）、行政责任，情节严重构成犯罪的，还需承担最严厉的法律责任——刑事责任。

要明确"谁发证、谁担责"，认证机构的责任在发证后依然存在，要求其对获证组织、产品的信用开展定期的监督检查和工厂审核，如不能持续符合要求的，应暂停其使用认证证书直至撤销认证证书，并予以公布通告。否则需对消费者造成的损失，与生产者、销售者一同承担连带责任。

首先，落实认证机构的民事法律责任关键在于明确质量认证机构的连带责任，并制定具体的责任判定依据及程序，避免连带责任无法落实。由于强制性产品的认证专业性很强，可在举证责任上采取举证责任倒置的制度，由认证机构提供证据证明其认证结果符合标准的要求。其次，在学习发达国家的国家强制认证体系的基础上建立我国自己的认证机构责任保险制度，这样可以强化认证机构的责任、增强认证机构的责任承担能力，更好地将法律责任落到实处。

缺乏实际操作性的连带责任的法律规定意义不大，重点是消费者是否可以实现维权，因此，要设置便于消费者维权的路径。我们认为两点很重要，一是要信息公开透明，认证机构和认证过程的相关信息要及时公布、公开，比如，通过第三方认证的产品外包装上，除了注明厂商的地址、电话等信息以外，还要注明第三方认证机构准确的名称、地址和联系方式。二是建议第三方认证机构建立赔偿基金，用于对消费者举报的鼓励和对因认证产品质量问题而对消费者造成的损失的赔偿。

5.2 认证标准的信用分析

认证标准的实质就是第三方认证"承诺了什么"，第三方认证就是对某个标准的认证，是由认证机构证明产品、服务、管理体系符合相关技术规范或某标准的合格评定活动。因此，这个标准是否得当、是否科学直接关系着整个第三方认证的信用度的高低。

如果说科学是相同条件下的重复性，那么标准就是对重复性事物和概念做出的统一规定，它是以实践经验和技术的综合成果为基础的科学规定，由主管部门批准并以特定形式发布出来，作为共同遵守的准则和依据。

标准化则是为了实现一定范围内的最佳秩序，对显现的或隐含的问题制定规则的活动，这些规则是共同和重复使用的。"通过最佳秩序获取最高收益"是标准化的目的。

第三方认证作为市场经济的一项基础制度安排和标准有着紧密联系。标准作为技术支撑，是第三方认证的依据，是第三方认证信用的根本技术保证。第三方认证只有以科学的标准为基础和依据，才能最大程度地取得公信力和权威性，才能保证资源的合理配置、提高市场经济效率。若标准不科学，有效的认证无从谈起，没有科学的标准，就没有有效的第三方认证。

第三方认证也推动了标准的实施，并且标准是得以高效全面深入实施的最重要方式，是标准化最经济的手段之一。不同行业、不同领域、不同强制力的标准需要的具体实施模式也不同，而国际经验和我国的实践一致证明，灵活多样的第三方认证是实现标准化的最经济的方式之一。没有有效的认证，很多标准也很难深入地推广到市场和社会中去，标准也就发挥不了实现最佳秩序获取最高效益的目的。

第三方认证和标准形成共同的技术平台，它们之间是相互渗透、相互促进的。标准的适应性在认证的过程中得以检验，并且通过认证的反馈信息可以促进标准不断地改进、完善和发展。因此，第三方认证和标准必须协调发展。

科学的认证标准还包括有效的检测手段和检测指标。就现阶段而言，我国的标准和技术规范不能满足第三方认证的需求，标准滞后现象严重，标准指标不明确或混淆、存在多个技术依据内容不统一或者标准中没有测试方法，抑或测试方法不科学、不适用，例如，部分产品缺乏标准，标准存在缺失，特别是对新产品、节能、环保、食品等有巨大认证潜力的领域标准制定不及时、不系统、不权威，导致认证的技术基础和依据不足。

在本书第 4 章，对我国第三方认证标准和技术检测中存在的问题进行了分析。一个标准体系优劣的评价标准从根本上看应该是该体系是否维护了消费者利益、是否符合消费者的需要，认证标准通过对产品的性能、安全和质量等方面的技术规定避免产品缺陷，从而达到对消费者健康和财产保护的目的。如果达不到这一目的，则该标准就没有其存在的价值。

第三方认证会针对不同的产品制定不同的认证标准，比如，UL 认证就对不同产品的认证标准做了详尽的规定，贴纸的 UL 认证标准、金属软管的 UL 认证标准、手电筒的 UL 认证标准等都各不相同。每一个认证标准都包含若干指标且对每个指标规定一个取值区间，$S = g(S_1, S_2, S_3, S_4, S_5, \cdots, S_n)$，其中，$S_1 \in (a_1, b_1)$，$S_2 \in (a_2, b_2)$，$S_3 \in (a_3, b_3)$，$S_4 \in (a_4, b_4)$，$S_5 \in (a_5, b_5)$，$S_n \in (a_n, b_n)$。具体来说，一个标准体系的优劣还体现在可操作性如何、指标体系的设计如何（指标的设计是否科学、指标的数值范围是否合理、指标是否够细化）等方面。一个好的标准体系应该满足以下四个特点：第一，指标的设计是合理的，也就是说 S_1，S_2，S_3，S_4，S_5，…，S_n 等的设计是合理的，既能够细化又避免了指标的重复，通过对这个 n 个指标的检测就能够确定出该产品在性能、安全或者质量等方面的级别。第二，每个指标的取值区间是科学合理的，这样的一个取值区间应该是既能体现技术进步引导经济的发展，又能规范企业的行为，保证产品的性能安全和质量，从而最终保护消费者的生命和财产安全。第三，该标准体系有较强的可操作性，S_1，S_2，S_3，S_4，S_5，…，S_n 这些指标都是能够明确检测出的。第四，一个好的标准体系既要体现稳定性，使得认证和检测"有章可循"，同时又要体现其进步性，整个体系要不断发展完善，其指标和取值区间都要根据经济和技术的发展而动态调整。其最终目的是为市场提供具有相当安全水准的商品，为消费者的人身健康和财产安全得到保证做出贡献。而如果这一标准的指标设计或者指标取值区间存在较大的误差，那么按照这个标准做出的第三方认证就无法达到提供高质量产品、保护消费者人身健康和财产安全的作用。

5.3　第三方认证对象的信用分析

我们必须明确：一个产品的质量是制造出来的，不是检验出来的。因此，制造产品的企业的状况从根本上影响第三方认证的信用。企业的产品和服务作为第三方认证的客体，客体质量的好与坏、认证企业的信用如何直接决定着认证的结果的可靠性。认证机构信用再高、认证标准和检测手段再科学，如果遇到的是一个不讲品牌信用的企业，也是枉然。

因此，认证机构必须对认证对象有所选择。认证的初衷特别是自愿性认证的出发点是把质量好的产品以认证信号的形式传递给消费者，从而提高选择效率和促进经济规范的发展，也就是通过第三方认证对企业加以区分。如果每个企业都去做认证，那么认证也就失去了本来的意义。并且认证机构为质量差的产品做认证的风险太大，因此，认证机构为了自身的品牌信用应慎重选择认证对象，认证企业实力越强、规模越大，第三方认证的信用越容易保证。

面对激烈的市场竞争，认证机构不能掉以轻心，见业务就揽，只会砸了自己的牌子。有些认证机构为了追求认证数量，在经济基础和人员条件不足的情况下，到处开设办事处，这些办事处资源严重短缺。一些办事处为了争夺客户资源、追求眼前利益做出了一些违规行为，总部机构却采取放任的态度来迎合买证的企业，这影响了政府公信力、扰乱了市场秩序，在社会上造成很恶劣的影响。

在认证机构克服自身问题的基础上，要对自己的客户有所选择，为真正需要认证和达到认证要求的企业进行认证，才能保证其认证的信用。一是必须要让企业认识到第三方认证的严肃性，端正态度、提高意识；二是认证机构要意识到企业的实力及规模是影响认证信用的关键因素之一。

5.3.1　企业态度对第三方认证信用的影响

随着市场经济的发展和竞争的加剧，我国企业对认证的认识逐渐提高，质量意识逐渐增强。许多通过第三方认证机构认证的企业得到了各方认可，还有一些企业认证信用不高，主要原因是这些企业认证方式不正确、目的不端正。有些企业为了认证而认证，认证带有盲目性，不认真对待认证工作，一味地追求认证价格，不考虑认证能给自己的企业带来什么，衡量的标准只有价格。有的企业为了应付审核，编制虚假资料，掩盖实际情况，只求蒙混过关。一些相关质量管理人员为了避免处罚，铤而走险，存在贿赂审核员的现象，搅乱行业规则。拿到证书即万事大吉，不关注纠正预防措施。有的企业认证仅仅是流于形式，为了一些商业利益的需要，如投资招标或者广告宣传。有的企业在认证审核期间还能进行贯彻实施，在认证通过，拿到证书后还是走以前的老路子，积极性、自觉性逐渐减弱，对每年的认证监督审核存在抵触情绪，为认证后续审核带来难度。这些都是被认证企业态度不端正造成的后果。认证机构要清楚不是给任何企业做认证都是"有利可图"的，因为给不同企业做认证的风险不同，企业态度和目的越不端正，认证的风险越大。

在认证的过程和后续监管的过程中，企业最高管理者必须认识到位、管理到位，抓住关键，充分发挥其指导作用，合理配备资源，才能确保认证和监管的顺利进行。企业应该意识到贯彻标准是一项长期的任务，是提高产品质量和建立企业品牌的必然选择，其目的是为了提高企业的管理水平、产品质量、竞争能力和经济效益。因此，在贯彻标准工作中要克服为获证而贯标、为应付审核而突击准备的做法。不能为了获证而获证，要确实将获证过程视作提升国际竞争力和持续发展能力的基础和保障。这就说明第三方认证机构在认证之前要和企业进行必要沟通，认证机构加强与企业的联系与信息沟通，了解顾客要求，从而提高审核的信用。建议在认证机构和企业签订合同时，将对企业的约束条件和违约责任进行强化并以合同条款形式加入。

企业的态度有时也与认证机构和工作人员的素质相关。有一些工作人员本身专业技术知识不足，对认证标准不能很好地理解，不能根据企业自身的特点来启发企业管理体系方向，不能帮助认证企业完善质量管理认证体系。有的认证机构服务理念不够，让企业有种认证机构只是为了揽钱才来企业的感觉。慢慢的，企业对认证机构的监督逐渐反感，躲避认证机构的监督或者不认证来应对监督，敷衍了事。这方面的问题需要认证机构从认证客体的重要性上加以提高认识，没有企业的配合，认证的信用无法得以保证。

5.3.2　企业规模和实力对第三方认证信用的影响

我们来看这样一个例子。某一绿色生姜生产基地，有种植户 30000 户，平均每户种植面积有 10 亩，可收获 5000 公斤生姜，以每公斤 4 元计算，每户的总收入为 20000 元，但是，既然是绿色生产基地，就需要抽样检测，我们假设如果抽样检测出该用户使用了违规的化肥农药或者其他不合规定的操作则把该户生姜全部销毁，于是每户的收益就相当于总收入 20000 元得减去每户的（违约惩罚额度×抽样查出率）。目前，有 30000 户小规模种植户，不可能每户都抽到，我们再假设抽取 2000 户进行检测，那么每户被抽到的概率是 10%，其实，2000 户的检测和监督成本已经足够高了，也就是说，实际上每户被抽到的概率肯定不到 10%，那么面对不到 10% 的被检测到的概率，每户的（违约惩罚额度×抽样查出率）最高为 20000×10%＝2000 元，在这样的情况下，种植户因为存在侥幸心理而违规操作的可能性就极大。

如果现在把这种分散的小规模的经营集中起来，把这 30000 户的小规模种植户合并成一个大公司，那么只需要对这一家公司的产品进行随机抽样检测，如果检测出该公司使用了违规的化肥农药或者其他不合规定的操作，则把该公司生姜全部销毁，那么该公司企业违规操作的几率被大大地降低了，并且检测成本和监督成本也骤然下降。

这个例子给我们的启示就是：认证就应该选择规模大且有实力的企业进行第三方认证，这样才更有利于保证认证的信用。这就对目前的认证收费制度提出了改革的要求，简单的统一性收费标准已经不适用于第三方认证发展的需要，既然建立认证制度是市场的需要，那么认证的价格也应该由市场来确定，第三方认证机构根据认证企业的规模、认证机构的品牌信用等来确定第三方认证的价格。

5.4　传播媒体对第三方认证品牌信用的监督作用

第三方认证是为了解决信息不对称问题而存在的，但是和其他市场范畴相同，其自身也是存在严重的信息不对称，如果没有一个强有力的外在力量的监督，认证机构和企业之间的"合谋"是常常存在的。

第三方认证只有真实可信才能发挥其理论上的功能，从而体现其存在的价值。但是当企业委托第三方认证机构进行自愿性第三方认证时，很可能会与第三方认证机构"合谋"，即与第三方认证机构之间形成交易关系，从而提供虚假的市场信号以欺骗消费者。由于第三方认证机构之间存在着激烈的市场竞争，他们都有追求利益的动机，这使得他们经常简化信用评定过程，一方面节约成本，另一方面迁就企业提高认证通过率，甚至与之"串谋"，例如，有的认证机构就打出 100%通过的口号。通过与企业"合谋"，第三方认证的认证活动收益可观，并且在我国现行的政府监督体制下，第三方认证机构被查处和被责令赔偿损失的概率很小，因此，第三方认证机构与企业"合谋"并制造虚假信号的行为会经常发生。结果就是消费者会被第三方认证机构提供的虚假的市场信息误导，于是造成市场对产品评价的失效和消费者购买决策的失误。例如，由于信用评级机构采取被动式的评级模式，使我国信用评级机构开展的评级难以公正。

政府为防止第三方认证机构不规范而扰乱市场秩序、防止第三方认证机构对消费者提供不真实的市场信号，就必须对第三方认证机构进行监督、监管，在加强外部监管、行业自律和内部管理、技术改进的同时，还应该加强发展和制定第三方认证机构违法违规行为的甄别手段及惩罚措施，打击恶意违法违规行为。也就是说为保证第三方的认证制度的正常运行，要不断强化监管第三方的认证机构，让第三方认证机构的"自律"成为一种必然选择。

如何有效监督就成为一个核心问题。监管作为提高和保证第三方认证的一种制度安排，我国认监委在我国的第三方认证行业中发挥着巨大的作用。监管作为保证第三方认证有效性的一种制度安排，是来自上层和官方的。而媒体则可以分为政府媒体、民间媒体和个体媒体。政府媒体更多的是作为政府的代言人，如人民日报、新闻联播等政治性较强的媒体，其内容也是要经过严格审核和把关的。民间媒体则是处于政府媒体和个体媒体之间，政治性较弱，很大程度上代表了百姓心声，但是文字和内容的呈现都是需要把关和编辑的，和政府媒体相同的是，政府媒体和民间媒体都在一定程度上是"可控"的。即便如此，传统的传播媒体也可以发挥监管无法实现的作用。

如果说监管是来自官方，那么媒体更多的是来自民间。在信息技术高速发展的今天，现实生活中的人们已经高度依赖报纸、杂志、广播、电视、互联网和移动网络等媒体工具，不再把传统意义的人际传播作为获取信息的主要渠道，铺天盖地的新闻报道和多种传递方式为特征的当代传播媒体，已经成为人们获取信息的直接手段和途径，新闻报道和媒体消息成了人们进行社会观察和生活判断的主要依据。

近些年，随着民间话语权的不断提高，各种媒体在率先曝光与群众生活密切相关的诸多问题上都显示出了足够大的力量。例如，有机食品的问题最先通过记者的曝光为大众所知，更早时期的安徽阜阳假奶粉是由新民周刊和新浪网等媒体相继报道，三鹿奶粉事件是由甘肃当地媒体关于 14 名婴儿可能因为喝了某品牌的奶粉导致肾病报道而为世人所知。这就说明有效的第三方认证离不开外部监督。媒体不仅仅是作为"宣传"的工具，更多的是行使他们的舆论监督权利。

广告几乎是门户和大部分网站、杂志等的利润来源和生存的法宝，一个电台、一份报纸，都有发行量收视率的问题，这关系到广告收益。不同的网站可以根据自身受众的特点，吸引不同的广告商。而厂商做广告的目的就是为了推销自己，让消费者"了解自己、认可自己"，广告商的目标是消费者，那么与物质利益结成一体的媒体为谁说话？追求什么？即要吸引到质量高且数量可观的广告商，媒体必须要有相当稳固的消费者基础。媒体对消费者的消费行为是以付出多少的注意力为代价的。因此，电视媒体为了赢得更多的"眼球"，必须充分了解受众，吸引消费者。而消费者喜欢听真话，这几乎是现在所有媒体的共识。因此，各种媒体也纷纷意识到，媒体宣传也要注重真实性，不应成为散布谣言的平台。"百姓用媒体为自己说话"，让媒体监督第三方认证也就是让大众监督第三方认证，是第三方认证信用建设中不可缺少的一个环节。大众监督，除了消费者监督，还包括竞争对手的监督、专业爱心人士的监督。传播媒体对第三方认证的监督作用力度还体现在"竞争对手的眼睛一定是雪亮的"，因此，任何"真相"都是可以通过媒体体现出来的。

随着网络发展的普及，具有新闻信息传播功能的各种网站，包括传统媒体网站、各类新闻网站及部分商业门户网站等在内的网络媒体与传统媒体同样是进行发布新闻工作的专业机构，同样在传播新闻的过程中充当了"把关人"的角色，并且由于网络媒体的运作，平台互联网所具备的新的技术特性，网络媒体的监督功能出现了一些不同于传统传媒监督功能的新特点，而随着中国网民人数的迅速增加，网络媒体的监督功能也开始真正发挥出来，网络舆论的巨大影响力越来越清晰地展现在世人面前，网络媒体监督逐渐成为各种监督力量中一支不可忽视的重要力量。

如今的微博时代，传播媒体也在悄然发生着天翻地覆的变化。随着互联网的发展，一种新的媒体形式越来越深入到经济和日常生活的角角落落，这种媒体形式就是个体媒体，也被称为 SNS，表现为微博、博客、各种论坛和网络空间。

SNS 全称为 social networking services，即社会性网络服务，对 SNS 的早期理解是源于哈佛大学的心理学教授（Stanley Milgram，1933～1984）创立的六度分割理论。根据这个理论，我们和任何陌生人之间的间隔的人不会超过 6 个，简单地说，就是最多通过 6 个人。我们就能够认识任何一个陌生人。通过刚开始仅仅有几个人的一个小圈子，不断向外扩展，"熟人的熟人"可以辐射性地进行网络社交拓展，而每个个体的社交圈都会不断放大，最终发展成为一个大型网络。面向社会性网络的互联网服务就是在这个理论的基础上发展起来的，比如，Art-Comb，Friendster，Wallop，Adoreme 等。后来又出现了根据相同话题进行凝聚、根据爱好进行凝聚、根据学习经历进行凝聚、根据周末出游的相同地点进行凝聚等的网络空间和信息载体，如微博、博客、贴吧、Fexion 网、Facebook、人人等，都被纳入"SNS"的范畴。这种自发性的聚合，会发出强大的声音，而这样的个体媒体的散播是极为迅速且不可控的。在网络时代，对个体媒体的监督和认可作用是要足够重视且要充分利用的。

个体媒体和政府媒体、民间媒体不同，言论更为自由，说真话的意愿更为强烈，而信息传播速度借助网络技术支持更是快得惊人。个体媒体的个体效应聚合而产生的"集合效应"则具有更大的舆论力量。其"集合效应"是"个体效应"的累加。当今社会，新闻资源日趋共享，新闻交流不断加强，国内新闻报道条块分割的传统格局也日益被打破，国家之间的新闻界限都在被不断地打破，新闻媒体的属地意识明显弱化，交叉采访、异地报道现象日益增多。同时，不同类型媒体的界限也日益模糊，报刊、杂志、广播、电视、网络、手机等各类媒体，相互转发稿件的现象十分普遍，形成了你中有我、我中有你、相融共生的大新闻、宽传播的格局。而就拥有"全媒体"的个体媒体来说，也会在多个频道、多张报纸和网站上就同一事件或人物的相关报道进行同质化传播，使"集合效应"呈现越来越强的趋势。因此，个体媒体的监督力量是政府的上层监管所无法比拟的，我们不可小视，而是要借势充分利用。

个体媒体的"个体们"意识到公民意识对于全力争取的重要性。如果只有少数人具备公民意识，消费者的诸多权利无法得以维护，只有在大多数人都具备公民意识的时候，诸多消费者才能在其利益受到伤害的时候站出来，发出一致的声音，而网络时代在逐渐培育个体的这种全民意识，并且通过个体媒体体现消费者的全民意识。个体媒体通过集合效应，把百姓的心声和大众的共鸣强烈地表达出来，把社会公民的力量表现出来，传达给社会甚至政府高层，这种社会舆论对政府本身就是一种压力，因此，个体媒体很多时候不仅是在监督第三方认证，也是在监督政府。这也是依靠媒体的力量，使我们的社会能够体现大众的愿景，向着公民社会一步步迈进。因此，充分发挥网络时代个体媒体的监督作用，对于提高第三方认证的信用度不可缺失。

5.5　第三方认证品牌信用的乘数模型分析

通过以上分析，我们看到第三方认证的信用度取决于四个方面：认证机构、认证标准、认证对象、传播媒体的认可或监督，并且在这四个方面中任何一方面出现问题都将导致第三方认证信用为零。我们把第三方认证的信用度记为 C_c，认证机构的信用度为 Co，认证标准的信用度为 Cs，认证企业的信用度为 Ce，媒体信用用 M 表示，第三方认证函数可以表示为：$Cc = M \times f(Co, Cs, Ce) = M \times Ct$

$M \in \{0, 1\}$，$Co \in \{0, 1\}$，$Cs \in \{0, 1\}$，$Ce \in \{0, 1\}$，$Cc \in \{0, 1\}$

我们认为认证机构的信用度 Co、认证标准的信用度 Cs、认证企业的信用度 Ce 之间是存在乘数关系的，如果 Co、Cs、Ce 均接近于 1，则第三方认证本身信用 Ct 就越接近 1，若认证机构的信用度 Co、认证标准的信用度 Cs、认证企业的信用度 Ce 中的任何一项趋于 0，最终的第三方认证自身的信用度就会极低。一个信用度不高的认证机构很难做出一个可靠的承诺，无论承诺了什么或就哪个企业所做出的承诺；一个信用度高的认证机构如果依据一个不甚科学的认证标准做出的认证自然也就无多大意义；一个信用度高的认证机构按照一个科学的标准体系对一个诚信度不高、无能力生产优质产品的企业做出的认证其信用也难以保证。

从图 5－2 中可以明显看到，认证机构、认证标准和认证企业都有较高的信用度，第三方认证本身的信用度才能得以保证。同时，我们也要关注到信息不对称依然存在于认证行业，因此，我们要引进传播媒体的监督。如果该第三方认证本身信用度极高，且还得到媒体代表的消费者大众的普遍认可，则第三方认证的信用度 Cc 才能较高。

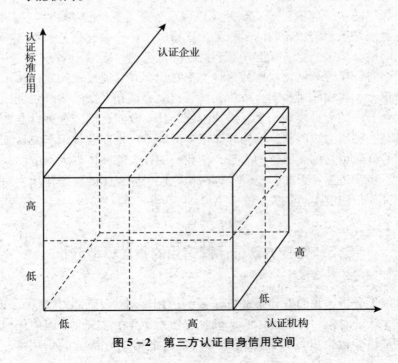

图 5－2　第三方认证自身信用空间

　　该信用模型也给出了第三方认证进行品牌建设的路径，从认证机构、认证标准、认证对象、传播媒体认可的四个环节来保证第三方认证的信用，也就实现了该第三方认证的品牌信用。在一个正常的市场竞争环境下，品牌的好坏和信用的高低对于一个认证机构的长期发展至关重要。品牌越好，信用越高，生意越多，价格越高，越有条件保障认证质量，从而越有条件保证信用和提升品牌。而品牌属于无形资产，规模的扩大并不会显著增加认证机构的品牌成本。因此，认证机构和认证行业的品牌建设就更加必要和有意义。建设认证品牌的核心就是提高第三方认证的信用度。我们认为认证机构、认证标准、认证企业、传播媒体认可共同构成了第三方认证的基础。只有这四个方面都做好，第三方认证才能真正起到降低选择成本、提高生产效率、优化资源配置、提高社会福利的作用。

第6章

提高第三方认证品牌信用的政策建议

我国目前的认证行业中，或多或少地存在着政企不分、监管不灵、认证机构的连带责任落实难以到位、制度漏洞、虚假认证、认证机构之间恶性竞争、认证审核人员素质参差不齐等问题在一定程度上影响了认证的信用和认证行业的整体形象和信誉度。目前，第三方认证存在的诸多问题影响着消费者对第三方认证的认知，从而影响着消费者对第三方认证的评价和支付意愿，而没有消费者的认可和支付意愿，第三方认证就失去了生命力和生存的空间，因此，必须从源头上根除我国第三方认证目前存在的诸多问题。

针对我国第三方认证目前存在的问题和我们对消费者关于第三方认证的认知、态度评价和支付意愿等情况所做的分析，结合第5章提出的第三方认证品牌信用乘数模型，本章提出了提高第三方认证品牌信用的政策建议。

6.1　通过政企分开，实现有效监管

6.1.1　政企分开，实现规范认证

认证机构与政府机构之间的关系，是历史形成的，有其必然性。但是，就目前情况来看，这种关系在一定程度上影响了监管机构对认证机构的监管，也影响到认证机构的中立性和公正性，进而影响到认证机构在社会上的信用度。2000年7月修订后的《产品质量法》第二十条规定："从事产品质量检验、认证的社会中介机构必须依法设立，不得与行政机关和其他国家机关存在隶属关系或者其他利益关系。"因此，必须实现政企分开，进一步明确和理顺认证机构与政府机构之间的关系。作为认证认可的主管机关，国家认监委要考虑率先进行脱钩改制的工作，以探索经验，并对其他部门的脱钩改制工作发挥示范作用。为此，建议

成立专门研究小组来研究设计可行的操作方案。

可以考虑分两步走：

第一步，近期内，可以与国家质量监督检验检疫总局和国家认监委管理的几个大的认证机构彻底脱钩，作为重点突破口，从根本上改变国家认监委同时承担行业监管者和认证机构出资人职能的局面，把国家并未赋予国家质检总局和国家认监委的国有资产保值增值职能移交出去，实现政府监管部门和认证机构各自独立的角色归位，使国家认监委能够"轻装上阵"、集中精力地进行行业监管，为公平、公正监管，提高机构认证行为的信用和规范性提供先决条件。要改变这个局面可以考虑几种方案：一是，直接划归地方国资委、引进其他方面的投资者。二是，让所有权多元化，面向大型企业定向募集股份并吸收社会多元化的投资者。三是，让认证机构彻底改制为民营化的公司。无论哪种方案，总体要求是这些政府部门、行业监管部门的机关服务中心或技术中心，不得持有认证机构的股份。

第二步，中长期内，可在实现第一步目标的基础上，进一步推动其他政府主管部门和其所属认证机构的彻底脱钩。对于那些政府职能性质明显且不宜彻底和主管部门脱钩的认证机构，如军事、消防等特殊行业的认证机构，可以界定为政府职能机构、拨足经费，严格限定其业务范围。

6.1.2　增强认可机构的独立性，实现有效监管

第一，科学合理地界定政府监管和认可监督机构的职能，提高认可机构的权威性，强化认可机构的责任感。明确、合理、科学地界定双方责权，做好各自职能范围内的工作，有效地监管和监督认证机构。国家认监委和中国合格评定国家认可委员会（CNAS）在职责、人员、业务范围、财务等方面，都要明确分开。

根据我国的实际情况，并借鉴国际经验，从国家认监委和中国合格评定国家认可委员会（CNAS）的监管职责范围划分角度来看，国家认监委的工作重点应当在于两个方面：（1）抓好由政府信誉担保的强制性认证工作，提高强制性认证的信用。包括强制性产品认证目录的合理确定和调整、强制性认证机构资格的确定或撤销、强制性认证信用的监管和执法等。（2）根据《中华人民共和国认证认可条例》对认可机构进行监管，而不是专注于由认可机构完成的对认证机构的资质审查等细务工作。

CNAS 在自愿性认证活动的信用方面，针对强制性产品认证活动之外的认证业务资质监督审查，发挥更大的作用。为此，需要增强 CNAS 在机构、财务、人员、职能、责任等方面的独立性建设，以及相应的能力建设。

第二，理顺中央和地方监管机构的关系，提高监管的信用。我国认证认可监管机构已经从中央到地方建立起来了。作为一个快速增长的制造业大国，我国未来的认证业务还会继续增多。为进一步改善监管效果，不仅需要加强国家认监委的监管能力、人员、手段建设，还需要调动两方面的积极性：（1）处理好国家认监委和各地技术监督系统同各地出入境检验检疫系统的认证认可监管机构之间的关系，合理划分国家和地方监管机构的权限，改善监管的实施程序和制度，充分调动监管的积极性。（2）认真宣传认证认可的重要意义，努力调动广大企业和消费者对监督认证认可活动的积极性，扩大政府监管部门的信息来源，便于政府监管部门找到各个时期和各个地区的问题和监管重点。

6.2　通过确定连带责任，提高第三方认证的风险

6.2.1　制定和完善连带责任的法律规定

首先，认证从本质上来说是一种保证，当消费者选购某种商品是基于对认证机构所提供的保证的信任，第三方认证对消费行为就是一种"引导"，如果消费者选择了认证产品却发现是虚假认证或者被劣质商品所伤害，消费者不仅可以向生产者追偿，还可以向对产品质量做出保证的认证机构追偿，即由认证机构承担一定的风险。落实认证机构的民事法律责任要注意明确质量认证机构的连带责任，制定具体的责任判定依据及程序，避免连带责任的无法落实。由于第三方认证专业性很强，可在举证责任上采取举证责任倒置的制度，由认证机构提供证据来证明其认证结果符合标准。其次，借鉴美国等发达国家强制认证体制，建立我国认证机构的责任保险制度。这样就增强了认证机构的能力，也强化了认证机构的连带责任，更好地将连带法律责任落到实处。

法律责任作为法律体系中的重要组成部分，属于法理学的范畴，是一种对违反义务的纠正机理，也是对履行义务的保证机理，并且对司法实践来说，法律责任是一个非常重要的问题。任何的法律规则都必须具有一个法律上的责任，是法的强制性的表现，也是法律在现实生活中发挥作用的一个先决条件。而且要想在现实生活中发挥法律的强制性作用，不让部门法成为书面上的法律，就必须有相应的可操作的法律责任。法律法规会规定一定的行为或抑制一定的行为，违法者不仅要接受惩罚，并且要依法对行为造成的损害进行赔偿。

认证机构在交易市场中发挥着重要作用，已被赋予了可以发出权威认证的权

力，它也必须要承担相应的责任。在认证机构承担企业社会责任方面，通常双方会有约束力的合同，没有太大的责任争议，争议比较容易解决。但是在消费者承担的责任方面，认证机构所具有的问题就尤为明显。由于法律法规对此进行的规范并不完善，双方也并不具备直接关系的合同，消费者所遭受的损失和影响也并不是认证机构的直接过失后果，颁发认证证书的机构应该承担的法律责任该怎样进行明确？在这方面，我们必须先要清楚认证本身所具有的性质。质量认证具有以下特点：第一，对于厂商来说，质量认证要求他们提供的产品质量要可靠，这是建立在厂商和消费者之间的一种契约、规定、担保。第二，质量认证对内来说，可以对企业实施生产流程科学化管理、提高产品质量；对外来说，可以提供证据证明企业的生产过程或者产品是符合某种标准。第三，厂商在产品质量认证活动中让消费者对其产生信赖，可以加强厂商在消费者心中的形象和声誉，提高企业的品牌信用，因此，质量认证机构所提供的对产品和服务以及管理过程的认证是与品牌信用之间相关的一种重要因素。产品质量认证对于消费者而言是指具有"有此标志的产品已经过专业认证机构的评价和鉴定，质量符合国家所规定的标准"的质量信息。若经过认证的产品对消费者造成了损害，即使在形式上符合认证要求，在要求企业承担责任的同时，认证机构也应被要求承担相应的赔偿责任。

现行立法中有如下条款对认证机构的法律责任作出了规定：《中华人民共和国产品质量法》第 21 条、第 57 条、第 58 条对质量认证机构的认证工作及相应的法律责任进行了规定："产品质量检验机构、认证机构伪造检验结果或者出具虚假证明的，责令改正，对单位处五万元以上十万元以下的罚款，对直接负责的主管人员和其他直接责任人员处一万元以上五万元以下的罚款；有违法所得的，并处没收违法所得；情节严重的，取消其检验资格、认证资格；构成犯罪的，依法追究刑事责任。产品质量检验机构、认证机构出具的检验结果或者证明不实，造成损失的，应当承担相应的赔偿责任；造成重大损失的，撤销其检验资格、认证资格。"

产品质量认证机构违反《中华人民共和国产品质量法》的第 21 条第 2 款的规定："对不符合认证标准而使用认证标志的产品，未依法要求其改正或者取消其使用认证标志资格的，对因产品不符合认证标准给消费者造成的损失，与产品的生产者、销售者承担连带责任；情节严重的，撤销其认证资格。社会团体、社会中介机构对产品质量做出承诺、保证，而该产品又不符合其承诺、保证的质量要求，给消费者造成损失的，与产品的生产者、销售者承担连带责任。"

首先，《中华人民共和国产品质量法》第 57 条所规定的三种情况，《认证违法行为处罚暂行规定》的第 7 条、第 8 条、第 9 条分别作了类似规定，《认证认可条例》第60条、第62条、第74条也对此进行了规定。国务院办公厅《关于加强认证认可工作的通知》亦明确指出，使用认证标志的产品，因产品不符合认证要求给消费者造成损害的，认证机构要承担连带责任，该连带责任是指民事赔偿责任。

然而，《中华人民共和国产品质量法》第21条、第57条要求只针对产品认证的质量认证。假如质量体系认证的企业出现了相关的产品认证机构所出具的不真实的证明或者证书的情况，可能实际的企业并没有具备必要的能力。因此，企业和消费者都有可能受害和遭受到损失。但《中华人民共和国产品质量法》并没有对质量体系管理认证的有关问题作出具体的规章制度。同时，现行法律中也没有对服务认证这个认证行业的新星作出法规条例等责任方面的具体规定。

其次，《中华人民共和国产品质量法》第57条第1款所规定的"出具虚假证明"的情形比第57条第2款所规定的"出具的证明不实，造成损失"的情形更加严重，"出具虚假证明"同样可以导致损失的产生，在这种情况下，认证机构为何不承担相应的赔偿责任？而只是承担刑事责任、行政责任？对此，《中华人民共和国认证认可条例》第62条规定，"认证机构出具虚假的认证结论，造成损害的，认证机构应当承担相应的赔偿责任"。但是，"应当承担的相应的赔偿责任"如何界定？现行立法没有规定。此外，仅仅规定"应当承担的相应的赔偿责任"，而无连带责任。这样，消费者遭受的损失该怎样得到充分的救济。

最后，《中华人民共和国产品质量法》第57条第3款和《中华人民共和国认证认可条例》第74条规定"认证机构因为未对其认证的产品实施有效的跟踪检查，或者发现其认证产品不能持续符合认证要求而不及时暂停或者撤销认证证书和要求其停止使用认证标志而给消费者造成损失的，就要与生产者、销售者承担连带责任"。那么，假如需要进行产品认证的质量认证机构并未对经过他们认证的企业质量体系和服务进行可靠及时的反馈，或者当产品认证机构发现了经过他们认证认可的企业的相关质量管理体系或者服务并没有继续符合相关认证，但认证机构并没有要求企业不得继续使用经过他们认证的认证标志，这样让消费者承受坏影响，认证机构是否应该和生产商、销售者来共同承担责任，在这一方面，现在的法律并没有提供明确、可操作的法律法规或规定。

总而言之，《中华人民共和国产品质量法》及《中华人民共和国认证认可条例》等相关法律的规定中对于相关的法律责任规定并不充分，如认证机构所认证的相关服务出现了违法行为时，应该需要加强认证机构和认证机构相关人员的责任意识，把认证的相关法律责任写入《认证基本法》的相关规定中。第一，应该把进行质量体系认证和对服务认证的认证机构加入法律责任的范围，而不是只有当产品的质量认证机构发出虚假认证时才承担相应的法律责任。第二，应当清楚地规定企业对于产品质量、服务质量和生产过程所要承担的法律责任，这样可以让企业进行谨慎安全的操作，不违反规定。第三，要通过法律条文明确法律责任；对于进行虚假认证的机构，需要承担相应责任。因此，需要在调研的基础上进行进一步的细则实施制定，进行细则认证机构的法律法规，增强法律的可操作性。另外，由于消费者处于信息弱势地位且消费者又分散，目前的法律规定在发生质量事故时谁主张举证的方法非常不利于消费者对认证有效性的监督，在发生产品质量事故时，可以让消费者承担起产品的质量缺陷的举报责任，当已经明确了产品具有质量缺陷时，让认证机构举证认证机构无责任，若不能举证则生产企业和认证机构共同承担全部责任。

世界各发达国家和相对发达的国家分别有各自品牌信用极高的第三方认证，比如，北美的 UL、CSA、FDA、EPA、FCC、ETL，欧洲的 GS、CE、VDE、BSI（kite mark），澳洲的 C-tiek，亚洲的 PSE、VCCI 以及中国的 CCC 认证、CQC 认证等，这些认证有自愿性的，也有强制性的。我们会发现，每一种第三方认证都通过某一认证商标向消费者发出该认证通过了哪一方面、哪种标准的认证。那么这种商标作为信号发出的标志就成为消费者购买的依据和利益点，此时第三方认证不仅作为信息而且作为"符号"就承载了诸多的责任，比如，这一标志对消费者传达的信息是什么？带有这一标志的产品与该标志共同组成认证产品，那么这一标志就要为认证产品承担相应责任。

6.2.2　提高惩罚力度

认证机构认证行为的规范和信用，取决于不规范认证行为被发现的概率和不规范认证行为一旦被发现后认证机构以及具体的认证人员付出的成本。在概率一定的情况下，查处后付出的成本越高，认证机构和认证人员自我约束的动机越强，其不规范的、无效认证的行为就越少。

对认证机构的认证行为的监督，可以依赖于两个渠道：一是政府监管部门的监督，二是社会大众的监督。在我国目前的大环境下，对认证机构的监督主要依靠政府的监管部门，限于监管部门的经费、人员、方法等因素，查处不规范认证行为的概率并不高。而社会大众对认证行为的监督和举报意识也不强。综合起来，这些因素导致了我国目前对认证机构的不规范认证行为发现概率并不高。在这种格局之下，在查处不规范的、无效的认证行为之后提高认证机构付出的成本，就显得尤为重要。

首先，要提高对不规范认证机构和人员的惩罚成本，在认证机构和认证行业准入门槛条件中应明确规定：（1）有不良认证行为的认证人员不能再继续从事认证行业，至少要延长重新注册之前的惩罚时间，这样就等价于让认证人员以其积累的全部人力资本对其认证行为承担责任。（2）有严重不良认证行为的认证审核员，今后不能再被批准其审核员资格。这样，可提高审核员的自我约束能力。要严格准确地落实 2000 年 7 月修订后的《中华人民共和国产品质量法》和《中华人民共和国认证违法行为处罚暂行规定》中的有关处罚规定。《中华人民共和国产品质量法》第 57 条规定："产品质量检验机构、认证机构伪造检验结果或者出具虚假证明的，责令改正，对单位处五万元以上十万元以下的罚款，对直接负责的主管人员和其他直接责任人员处一万元以上五万元以下的罚款；有违法所得的，并处没收违法所得；情节严重的，取消其检验资格、认证资格；构成犯罪的，依法追究刑事责任。"

其次，对违法违规的认证从业机构、人员和不诚信企业建立"黑名单"，对其缺乏诚信的行为曝光和宣传，公布失信机构、失信人员和失信企业名单。同时对认证机构、个人和企业加强监管，形成终身信用跟踪机制，强化个人的责任，规范其行为。通过建立奖惩机制，建立长效的诚信监控机制来组建一支职业素质高、业务水平精、技术能力强，具有社会公信力和结构与认证认可事业发展相适应的第三方认证评价队伍。以建设从业人员能力为重点，积极营造认证认可从业人员的教育培训大氛围。建立多层次、多渠道的教育培训体系，培养具有高级管理能力并熟悉认证认可业务知识的政府行政管理人才队伍，培养具有先进管理理念和经营水平的认证认可经营管理人才队伍，培养熟悉贸易规则并精通业务的认证认可专业技术人才队伍。

6.2.3　信息公开和设立赔偿基金

政府应该考虑建立认证机构的长期有效机制，延长认证机构的营业年限，避免认证机构的短期市场行为。恶性竞争能够得以大量存在主要是认证结果体现不出认证企业的差异（特别是在获得消费者认可和扩大市场销售方面），于是很多不良认证行为才有了存在的空间。我们建议把这种差异直接体现在认证产品上。应该规定认证机构必须公开相关信息，就是说不仅要让消费者知道这个产品通过了什么认证，还要让消费者知道这个认证具体是哪个认证机构给出的，并且可以通过不同认证机构的信用水平的不同，来培养消费者的"看证"的消费观念。

信息公开的一个行之有效的方法就是在通过认证的产品包装上注名第三方认证的相关信息，比如，产品经过何种认证、该种认证的基本介绍、由哪个认证机构进行的认证、认证机构的详实地址、电话、网址等相关的联系方式和该批次产品认证的审核员名单等。通过这样的信息公开，消费者对该认证的相关信息就能有个非常具体的了解，这样对消费者维权是很有帮助的。

认证标志必须标明认证机构名称，便于风险意识的建立和连带责任的落实，一旦产品出现问题，无论认证机构是否有责任，同时将生产企业和认证机构予以公布；建立第三方认证的信息平台，将有不良认证行为或者疑似不良认证行为的机构及时向社会公布；通过资信评级机构（国家认监委不适合担此角色）的设计评价体系，搜集可靠的数据和资料，并客观公正地对认证机构进行评级和分类。

建议设立认证行业赔偿基金制度。由国家认监委规定，每年由每个认证机构拿出具体数额的资金组成赔偿基金，类似于银行的法定准备金，由认监委统一调配，专款专用，赔偿过程等都要信息透明。对有不良记录的第三方认证机构规定较高比例的数额，对连续几年无不良记录的认证机构规定较低比例的数额。这样遇到重大质量问题可以由认监委出面进行协调并直接用赔偿基金进行赔偿。

同时举报制度也是一种行之有效的社会监督体制，是建立认证认可社会监督机制的一种具体措施。举报权利人为"任何单位和个人"；举报受理部门为"国务院认证认可监督管理部门和地方认证认可监督管理部门"；举报的事项为"认证认可违法行为"；所有的单位和个人遇到违反法律法规的认证认可行为都应该向相应的监督管理部门举报。国务院和地方的认证认可监督管理部门都需要根据举报进行及时可靠的调查、处理，并且做好对举报人的保护工作。

6.2.4 提高退出成本

在提高准入门槛的同时，要提高认证机构的退出成本，可以采取如下具体措施：第一，如果在连带责任承担期内，认证机构不得申请退出该行业，等连带责任承担完毕，方可申请退出。第二，有不良记录的认证审核人员取消其注册资格，并且规定不能再从事认证行业，或者至少要延长其重新注册的时间长度，如5年之内不得再行注册。第三，有严重不良记录的第三方认证机构的出资人、法人代表和管理者今后不能再行申请设立认证机构。

6.3 通过技术进步，保证认证标准和检测技术的科学性

认证机构都是按照相应的技术标准来进行认证的，目前，这些技术标准都是由国家机构来颁布实行的，《中华人民共和国认证认可条例》第18条规定："认证机构应当按照认证基本规范、认证规则从事认证活动。认证基本规范、认证规则由国务院认证认可监督管理部门制定；涉及国务院有关部门职责的，国务院认

证认可监督管理部门应当会同国务院有关部门制定。属于认证新领域，前款规定的部门尚未制定认证规则的，认证机构可以自行制定认证规则，并报国务院认证认可监督管理部门备案。"对于产品的强制性认证来说，《中华人民共和国认证认可条例》第29条规定："国家对必须经过认证的产品，统一产品目录，统一技术规范的强制性要求、标准和合格评定程序，统一标志统一收费标准。统一的产品目录（以下简称目录）由国务院认证认可监督管理部门会同国务院有关部门制定、调整，由国务院认证认可监督管理部门发布，并会同有关方面共同实施。"

《中华人民共和国标准化法》第6条也规定："对需要在全国范围内统一的技术要求，应当制定国家标准。国家标准由国务院标准化行政主管部门制定。对没有国家标准而又需要在全国某个行业范围内统一的技术要求，可以制定行业标准。行业标准由国务院有关行政主管部门制定，并报国务院标准化行政主管部门备案，在公布国家标准之后，该项行业标准即行废止。对没有国家标准和行业标准而又需要在省、自治区、直辖市范围内统一的工业产品的安全、卫生要求，可以制定地方标准。地方标准由省、自治区、直辖市标准化行政主管部门制定，并报国务院标准化行政主管部门和国务院有关行政主管部门备案，在公布国家标准或者行业标准之后，该项地方标准即行废止。"

由此，在我国的现行法律法规体制下，国家的政府机构可以制定和修改行业的标准和规范，相关机构和部门具有领导制定和修改技术标准的义务和责任。而要想使得由政府制定的标准和规范属于"专家"型，就必须假设这些标准和规范的制定者都是专业的技术精英们，他们自身拥有专业的信息和足够的知识，对于这个标准的把握以及相关指标的确定都有极强的判断力和决策力，他们有这样一种运筹帷幄的能力，能够很好地利用和整合信息资源来进行标准和规范的制定，并且这些技术精英们可以为了"公共利益"越过个人利益。

但事实为不是所有制定标准的政府工作官员都是具有上述专业技术知识和公共意识的专家，他们很多是硕士或者博士毕业之后就进入专业的政府工作机关，并且进行着相关标准的研究负责，在日复一日的国家机关工作中，他们往往会很难把握现在标准的科研进展和生产技术一线的最新动态，制定标准的行政机关难以就标准进行理性、缜密地制定。因此，在制定行业标准的时候需要借助一些其他的专家、专业的行业机构和协会。

标准的制定多数是用于企业的，制定所需的信息也更多的是来源于企业，但是国家机关具有标准制定的决定权，一方面，企业缺少把相关关键信息传达给政府相关部门的激励；另一方面，由于信息不对称企业想要把信息畅通无阻地传达给国家机关也很难。目前，参与国家机关标准制定的大多数专家来源于各大高校和科研院所，这部分专家毕竟不是在生产第一线，不可避免地会使得制定出来的标准和市场需求相脱节，这样的标准也很难真正引导技术进步并创造出可观的社会效益，因此，我国现行的很多标准适用性较低。

尽管从形式上来说，每个标准的制定都是由相关的技术标准委员会来进行的，但是标准委员会的行业各不相同，他们所属的部门给予的政策和指导也不尽相同，而且每个部门所拥有的利益也有区别，这些都会对整个标准的制定产生不可估量的影响。因此，我们可以让一些企业和一些非政府的行业协会来参与标准的制定，一方面，对于自愿性认证的产品来说，为了获取规模效应，可以减少产品、服务和技术等的多样性的认证；另一方面，对于强制性认证的产品来说，生产企业可以生产出标准更高的产品来增加竞争，提高优势。在市场经济环境下，认证标准可以为企业增加竞争的筹码，企业都在争取认证标志。一个企业得到了一项前沿核心技术，企业就会依靠自己这个技术的地位让其他企业服从。这项核心的技术就会逐渐成为"事实上的标准"。拥有这个技术的企业在市场上可以通过标准和产权来获取市场的主导地位。同样非政府的协会组织对于标准的制定也会做出巨大贡献，行业协会具有行业的共同特点，可以对本行业的基本情况进行统计、分析、并发布结果。对于政府机构来说，行业协会可以让他们更好地了解在标准制定的过程中所需要的技术信息，以免引起信息不对称，这将降低信息的收集和搜索成本，在制定标准的时候能顾及到不同企业的不同信息，促进各方达成一致。行业协会要在加强行业自律和避免恶性竞争的基础上，在国际形势大背景之下进行行业规划和战略研究、技术研究等，努力制定出行业整体发展思路和认证标准，提升全社会对第三方认证的了解，营造全社会都认同的认证氛围，在第三方认证的标准制定和国际化方面发挥着重要作用。

因此，对我国现行的《中华人民共和国标准化法》和《中华人民共和国认证认可条例》进行结合实际的适当修改，把行业的标准和规范制定权发放给企业和协会，这样有利于我国认证标准问题和认证国际化问题的解决。为了防止一些比较强势的企业对一些中小企业采取的不正当竞争行为，可以由政府委托行业协会，让行业协会来对这些企业的资质进行审核，还可以适当地反映一些企业的技术方面的困难和想法。这样可以让国家了解市场需求和经济发展方向，行业协会可以起到桥梁作用，便利政府和企业的信息交流，也有利于行业协会顾及到行业的整体利益。

目前，第三方认证提高其品牌信用的核心措施之一就是优化第三方认证制度整体布局。现在很多相关的标准规范制定并不能满足第三方认证的需求，很多的认证标准都缺乏适宜性，标准的滞后和科学性不高等问题已经成为第三方认证进一步发展的瓶颈，这就需要国家相关部门下大力气进行第三方认证标准的修订，特别是那些迫切需要相关标准和规范出台的行业。

除此之外，要按照政企分离的原则尽快解决第三方认证机构和国家的行政机构存在的产权归属和行政关系，使第三方认证机构能够真正独立自主地运行。一方面要逐步提高认证行业的进入门槛，从源头上提高认证机构的档次和能力，这有利于认证机构的责任承担和品牌构建从而提高第三方认证的信用。另一方面，又得让行业内部引入竞争机制以打破不合理的垄断格局，鼓励认证机构之间进行良性竞争，通过市场的推动和有效的监督管理体制，促进认证机构的发展壮大和认证市场结构的合理形成。

6.4 通过延长经营期限和改革收费制度，使其发展符合客观经济规律

我们认为，认证机构的品牌信用建立应该在前，收费制度是跟随其后的，不先树立品牌，而一味地讲认证行业的收费制度没有任何意义。"一刀切"的统一收费制度更是与市场经济相悖的。不同的认证机构品牌信用不同，收费也应该不一样，品牌信用越高的认证机构做出的证明越容易被消费者接受和认可，从而可以收取较高的认证费用。同一认证机构对不同企业进行认证承担的责任风险也是不一样的，也应该收取不同的费用，企业的品牌信用越低，认证机构对其认证的风险就越高，从理论上讲应该收取较高的费用。也就是说，既然第三方认证信用的高低不同，那么收取的费用就应该不一样，反过来，如果不管提供出来的是什么样的认证都按照统一的费用进行收取，那么，认证机构的动力何在？连带责任的强化是属于事后纠正行为，而费用收取的科学化和制度化则是事前的激励和引导。

如果我们假设第三方认证的信用度用 Ct（credit of third-party authentication）来表示，那么这个 Ct 如何来度量呢？

Ct =（全部获证产品中符合规定要求的产品数/全部获证产品数）×100%。

从理论上来讲，这种方法是最可靠的，但这是八种认证形式中的第八种：100%检验，这个方法最准确，但实践中最不可行，国际上这种认证方式也只是在理论上存在。常规的认证方式是第五种：型式实验＋工厂＋市场抽样检验＋企业质量体系检查发证后跟踪监督。常规的统计方法接近于让 Ct =（抽取的获证产品中符合规定要求的产品数/按要求抽取获证产品数）×100%。这种方法得出的结论在实际中没有什么价值和意义，按照这种方法，70% 比 65% 好，90% 比 85% 好，但是不管是 70% 还是 90%，对消费者来讲都是不可靠的。因此，这种评价指标本身就有问题。我们认为只有市场认可度（这里的市场既包括第一方的

消费者，也包括第二方的厂商）能够对第三方认证的信用做出评价和衡量。只有经过市场认可的认证结果，才表示该认证结果没有问题。而要让市场认可，这就需要有个时间维度的问题，也就是时间作为一个内生变量会对 Ct 有影响，Ct(T) 括号里面的 T 指的是时间 time，该时间指的是该认证在市场上的生效时间。Ct(T)＝（认可该产品认证的对象数/市场调查对象数）×100% 。这是一个相对主观的概念，因此，要有足够的时间长度，时间越长产品认证信用度在社会上得到的评价或者是其市场表现才能越接近真值。

从另一个角度看，要想让认证机构较好地维护其认证的信用机制，使其建立自身的认证品牌，必须让他们有一个长期的市场预期。因此，我们建议相关部门应该考虑注重建立和培育有利于认证机构长期发展的机制，比如，对认证机构进行长期的认证经营许可，可以是 8 年、10 年，而不是 2 年、3 年的短期认证经营许可。延长经营许可期限也有利于第三方认证机构的责任承担，防止落实某认证机构连带责任时才发现该认证机构已经退出了市场。

倡导认证机构树立各自品牌，以品牌信用得到市场认可，以求得生存和发展，相关执法部门保护认证机构的商标等知识产权，对盗用商标的行为严惩不贷，这实际上就是发出市场信号，有利于消费者良好购买习惯的养成——购买认证产品时不仅要看该产品经过了什么认证，还要看是哪个认证机构做出的认证，并且消费者心中要有数：不同认证机构的品牌信用是不同的。这样的机制有助于认证行业市场秩序的形成。当然，这也对申请建立认证机构的组织提出了要求，只有具有较强实力的组织才有可能长期在这个市场中生存下来并且发展的很好。这个观点我们在第 5 章里的第三方认证品牌的乘数信用模型中已经讲明：要提高第三方认证机构的准入门槛。

而现行立法中对认证收费的规定也有着不足之处，《中华人民共和国认证认可条例》第 29 条规定："国家对必须经过认证的产品，统一产品目录，统一技术规范的强制性要求、标准和合格评定程序，统一标志，统一收费标准。统一的产品目录（以下简称目录）由国务院认证认可监督管理部门会同国务院有关部门制定、调整，由国务院认证认可监督管理部门发布，并会同有关方面共同实施。"统一标准行为的政府定价和收费不符合市场经济发展的客观规律，这样的收费制度不可能激励出健康发展的第三方认证行业。建立和现行市场相符合的市场定价制度，消除由政府进行的定价制度是必经之路，认证的服务价格应该由市场来制定。

6.5 发挥传播媒体和行业协会作用，加强对第三方认证的监督

6.5.1 发挥传播媒体的监督作用

监管作为提高和保证第三方认证的一种制度安排，国家认监委在我国的第三方认证行业中发挥着巨大的作用。监管和媒体来自不同的方面，如果说监管是来自官方，那么媒体更多的是来自民间。

在信息技术高度发达的今天，现实生活中的人们已经高度依赖报纸、杂志、广播、电视、互联网和移动网络等媒体工具，而不再把人际传播作为获取信息的主要渠道，传播媒体已经是人们获取信息的直接的方式方法。如今，人们进行社会生活观察判断主要就是依靠新闻媒体的报道资源。在现在社会媒体的发展下和有限广播电视网络等普及传输的情况下，所有的违规操作都无处可逃。网络是一个广泛、强大的传播途径，不易控制。这些比较先进的科学技术需要强有力的理解力、高层次的文化水平来进行掌控的，也就是说监督是相互的，媒体也需要监督。以电视广播报纸杂志网络为代表的传播媒体基本上包含四个基本属性：政治、科技、经济、文化，其主要特点是传输各种各样的信息。很自然，在信息不对称的条件下以传播各类信息为主要功能的传播媒体对社会经济活动的监督作用显得尤为重要。传播媒体成功地发挥功能的一个重要前提就是传播媒体的影响力。传播媒体的影响力体现为受众需求和其传播范围，而传播内容则直接决定着受众需求和媒体传播范围。

与其他监督形式不同，大众传播媒体的特殊性在于其是"无处不在的眼睛"，有着其他监督形式没有的优势，如其本身是在公众监督之下的监督，必须公之于众，搞黑箱操作的可能性不大；覆盖面广，影响大。同时新闻媒体监督也是各种监督的开山斧和同盟军，其他监督形式可以与之携手，也可以备武其后；新闻舆论监督还是各种监督的监督，"不怕上告，只怕登报"就说明了这个道理。很多的传播媒体监督是一种公开性、广泛性和非权力形式的监督，不同于认监委、认可机构、行业协会等的监督，但是大众媒体的监督有利于对被监督者形成威慑，有利于职能部门的顺势介入，从而促成状态的改善或问题的解决。

为了让传播媒体所传输的信息真实可靠，产生强有力的影响，这就需要传播媒体具有公信度。只有传播媒体建立优秀的社会形象，才能成为可信的社会媒体，才会给自身带来强有力的发展和强大的社会、经济方面的效益。这就是大众

媒介发展的现行方式方法。因此，要促进先进的文化制度安排对于传播媒体的健康发展至关重要，这是一种平衡力，传播媒体应该接受以真善美为灵魂的先进文化的监督和检验，才能真正发挥出媒体监督、舆论引导对于社会发展的积极作用。

6.5.2　加强行业协会监督和社会监督

行业协会不仅是监督行业行为的机构之一，也是行业自律的基础，每个行业都要有相应权威的行业协会，否则行业自律就无从谈起。每个行业都需要努力做好本行业的自律，这样在行业之间的激烈竞争中才能够将实力保存并生存发展下去，行业自律是随着经济社会不断发展前进的必然需要，只有进行行业自律，我们才会有较好的市场秩序。

各个行业都需要稳定的内外部环境，行业自律可以在一定程度上促进行业的健康发展，也有利于市场上产品的安全。现在很多的行业自律都不完善，其作用并未充分展现，行业自律在很多行业上只是一种表面现象或者仅仅是一些形式上的浮夸行为，仅仅是让企业增加声誉、让一些不知名的小企业有了崭露头角、增加知名度的机会，并没有深入体现其价值意义。我们可以把加强行业自律的紧迫性概括如下几方面。

第一，我国的一些法律法规并不成熟，缺少对具体的行业进行规定的法规。我们仅仅用了数十年就已经做到了很多发达国家花费好几百年需要完成的发展状况，我国的法律还需要一步一步去发展，而且我国的行业法律法规需要努力去健全。我国国民的法律意识比较薄弱，需要逐渐提高。在这种情况下，行业自律对于维护我国的市场秩序就变得极为必要且重要。

第二，行业自律对我国市场经济社会来说，已经是一个不可分割的部分，目前我国的很多认证标准都不够完善，不管是强制性认证、自愿性认证，还是管理体系的相关认证标准等都需要改进和健全。随着社会主义市场经济的发展，现行的很多法律法规和标准都不完全适合现在的市场需求和行业发展，许多标准在实用性和科学性方面都不尽如人意，都需要进行更新和完善。随着行业监督重要性的凸显，行业自律也变得越发重要。

第三，在目前行业法律体系不健全、一些生产企业在短期利益的驱动之下，在产品生产中用了一些廉价且不符合指标的原材料，一旦这个产品的质量出现了问题，必然会影响到消费者的身体健康甚至是生命安全。如果行业本身对这样的行为不加约束和限制，那么行业的整体形象也无法塑造。更谈不到整个行业的健康和长远发展。

为强化行业的自律行为，针对行业中存在的明显问题，中国认证认可协会制定了《中国认证认可行业自律公约》《认证机构公平竞争规范——管理体系认证价格》《认证审核员转换执业机构规定》等自律管理方面的规范，他们主要解决两个方面的问题：认证机构相互之间采取的不正当竞争和认证机构工作人员的大量流失情况。

从短期来看，认证认可协会在解决好这些问题的基础上还需要发挥积极可靠的作用以推动相关机构和政府部门的分离。从长期来看，认证认可协会需要进一步努力以强化改进行业自律的着力点和完善自律的方法。采取遏制低价竞争的方法，虽然从短期看有其现实方面的意义，但是从长期来看却未必合适。通过遏制低价竞争来提高认证认可的有效性，其前提条件是认证机构不会在收取完所有的费用后在认证过程中"偷工减料"，对于那些希望以认证来提高生产规范性和竞争力的企业来说，如果企业选择不同认证机构支付的费用都相差不大，那企业肯定会倾向于选择认证比较严格的机构。但是部分急需要在短期拿到认证标志的企业，企业和认证机构各取所需，他们会相互配合并且皆大欢喜地在认证过程中"偷工减料"。所以单纯地在认证行业中进行价格自律，会出现有悖于市场经济规律的现象，我们应将重点向认证过程和认证质量方面转移。

对于违反法律法规的行业提高其在传播媒体上的曝光度，在各大媒体、报刊、杂志、网络上对违规的认证机构进行大力度的曝光，降低他们的影响力和在市场上的信誉，进行相关行业的曝光和批评，让他们谨慎行为，防止市场违规操作，提高其违规风险。若在检查时抽查到的不合格产品则不仅要依法向社会公布该企业的相关信息，还要公布对该企业提供认证的认证机构信息。建立一个开放、操作流程透明、具有权威性的认证网站，加强社会的监督管理。所有的企业产品需要认证时，其认证机构都会在网络上列出详细的信息，如企业名称、需要检验的产品、认证机构工作人员、此认证时间、认证人员、认证机构的信息等。这样可以通过网络进行认证机构和大众的信息交流，让虚假信息能够在第一时间被发现，便利消费者对认证的监督和对有关认证信息的获取。

6.6 确立第三方认证的发展方向，让其引导经济健康发展

拓展认证及相关机构的业务范围，促进机构壮大，力争形成结构合理的认证行业组织结构，培育几个具有较强国际竞争力的知名认证机构，认证从业机构能够充分发挥市场主体作用，独立、客观、公正。形成具有较高国际声誉和权威性的国家认可机构。

第一，推进有关发展循环经济、建设资源节约型和环境友好型社会的认证认可工作；认证认可在保护生命、健康、安全等方面发挥了重要的作用。加强认证认可对农业的服务作用。尽快建立起国家节水、节能、可再生资源等领域的产品认证制度，加强节水、节能、可再生能源等领域的认证技术规范和标准及合格评定程序的制定；全国各地要积极努力推动政府采购、财税减免等相关方面采信认证结果。引导绿色建筑评估认证，推动施行建筑行业的节能认证的标准和技术规范，推动住宅和建筑行业的节能认证。发展使用节能交通运输工具的需求，让GB/T 12545 - 1（汽车燃料消耗量试验方法第 1 部分：乘用车燃油消耗量试验方法）成为企业产品类认证的强制性实施规则，推进清洁能源汽车的认证标准、技术规范及技术合格评定程序的完善，开展机动车零部件的强制认证，推动增强机动车零部件的循环回收利用率。开展建立交通基础设施材料和机动车节能产品的强制性产品认证、车辆维修和售后的服务体系认证。

第二，积极推动研究生态认证和环保的国际标准。增强对环境友好型产品的认证行为，完善法律法规，定制统一的认证产品标准、定价标准、收费标准、认证过程中合格的评定程序和产品认证成功后的认证标志标准，并会同有关部门协商大力宣传和推广环境标志认证产品；推行环境管理体系（ISO14000）认证。

第三，积极引导第三方认证向资源节约型和环境友好型的方向发展，将环保、能耗指标纳入第三方认证的管理体制，尽量减少排放检测过程中所产生的能对环境造成损害的有毒、有害物质。加强有关涉及安全、健康、生命等方面的认证机构和检查机构的认可资格条件评价工作，为政府、司法部门履行行政管理、行政执法、司法公证等职责提供重要技术支持。加强对节水、节能和环保等领域的第三方认证的扶持。

第四，大力开展食品和农产品认证。大力推行农业标准化进程，发展具有友好的农业规范（GAP）生产基地、多建设发展无公害产品和绿色食品的产地，发展有机农产品、推动具有特色的地方农产品的生产发展、流通以及增加出口服务来调整农业产业结构。积极推进实行中国食品和农产品认证、森林认证、花卉认证、GAP 认证、HACCP 认证等的国际互认。积极提高认证的积极性，进一步提高食品和农产品认证的社会认知程度，开拓认证食品和农产品市场。积极加强农产品质量安全检测系统，推动开发东北、西部地区的特色农产品认证，创新认证模式，引导当地的产业发展，促进产业的优化升级。

第五，不断提高认证认可的科研水平，推动认证认可向国际先进水平迈进，形成鼓励创新的机制，实现重点领域的跨越式发展，自主创新能力的显著增强。根据国家科学技术创新和产业经济发展及公共管理的需要，集中力量建设一批具有国际知名度和国家权威的基准（参考）实验室和生物安全实验室。建立完善全国检验检测资源和检测信息数据的收集和审核机制，建立全国检验检测资源信息网，完善和充实检验检测资源信息数据库，实现全国范围内的检验检测资源信息共享。

第六，加强建设和宣传认证认可信息化工作，建立和完善信息网络建设认证认可。建立可以为认证认可机构、企业和从业人员创造通畅的信息平台的快捷信息渠道，为第三方认证机构与企业和从业人员创造、建立统一的数据处理交换和信息发布平台，来共享相关方面的数据和信息，为提高认证信用，及时推广单项业务管理软件，实现电子化监管、执法信息化提供技术保障。通过信息化来强化对外宣传工作和认证认可政务公开，及时地为全社会提供可靠的质量、认证认可信息。围绕贯彻认证认可中心工作，开展积极的认证认可宣传活动。创新宣传形式，面向认证认可国际组织、各有关主管部门、地方政府、广大企业和消费者，开展形式多样的宣传，创造良好的舆论氛围。充分利用各界社会媒体，从各方面开展形式多样的宣传。充分提高各地方认证监管部门的积极性，建立上下联动的认证认可工作机制。

6.7　通过国际合作提高我国第三方认证的品牌影响力

自 20 世纪 20 年代以来，产品认证认可在世界范围内得以广泛快速地发展，现在许多的品牌认证机构都是在这个时期发展起来的，随后，国际上的认证活动和国际认证机构逐渐增多，遍布世界的各个角落。很多国家为了保护本国人民的安全，制作了和认证相关的法律法规来规范认证机构和认证市场，继而形成了认证制度。自 20 世纪 80 年代以来，各个国家开始制定若干产品的国际认证制度，这些认证制度普遍是以国际标准为重要参考依据的。认证认可逐渐发展，范围不断扩大，而且认证认可工作的国际化趋势也日益明显。随着我国改革开放和我国经济的快速发展，很多的企业已经把目光由国内转移到国际。自我国加入 WTO 以后，国外的关税壁垒不断地被打破，我国的产品走出国门的机会增多，而随之，中国也发现了产品出口最棘手、最难对付的障碍远远不是关税壁垒，而是出口产品到大多数国家都必须具备的各种各样的认证，突出的表现就是以技术法规、认证标准、产品认证等为表现的相关技术壁垒。如何顺利地进入到国际市场，成为越来越多的企业所面临的难题。诸多国际权威认证机构也是看到了这一巨大的市场空间，纷纷进入中国从事第三方认证业务。

这些年，我国很多的认证机构开展了国际业务合作，但是情景都不理想，我国认证机构在检测资质条件和能力上与国际的大型品牌认证机构相差很大，这表明在品牌信用方面，我国认证机构和国际的认证机构具有很大差距。这也对我国的第三方认证的品牌建设提出了紧迫要求，没有品牌，我国的第三方认证则在国际市场上无立足之地。总之，开展国际认证和国际合作实现第三方认证国际化是市场经济发展的必然结果，是我国企业参与国际贸易的必然途径，是政府职能转变的重要措施，是提高行业技术水平、促进企业技术进步的重要手段，是我国第三方认证品牌建设的必由之路。

6.7.1　第三方认证的国际化趋势

现代最早的认证从 20 世纪初产生。在 1903 年，英国的 BSI 标准协会前身的工程标准委员会对英国的铁轨进行了认证并授予了他风筝标志，这是最初国际认证制度例子，随后各国渐渐的开展了认证工作的规范活动。在进入 20 世纪 80 年代后，各个国家开始慢慢的实施国际认证标准，这些国际认证标准都是以国际标准和规则为依据的，如电子产品安全认证制度。随后的 1995 年，世界贸易组织的《贸易技术壁垒协议》开始生效，国际认证制度的基础是国际标准。而且为了方便双方贸易、减少认证过程和减少认证程序的复杂性和重复性，英国成为第一个制定了评价供方质量体系的国家认证标准的国家。国际标准化组织认为英国的此项标准有很强的现实意义，于是他总结了英国的工作标准和实施标准，在 1987 年发布了质量管理和质量保证标准，这推动了世界范围内的国际质量体系认证活动。

目前国际认可的发展主要体现在两个方面：

第一，根据世界贸易组织《贸易技术壁垒协定》，明确地提出了关于采用国际认证标准、统一进行认证标准的测评程序、促进相互承认等措施来减少贸易技术壁垒的战略。围绕这一问题，世界各个国家和相关的国际组织加强了标准化和统一合格评定程序的工作，积极建立认可结果的相互认证机制，相互之间认可的机构得到了国际上的互相承认，并有了长足发展。

第二，随着国际上一体化进程的加快发展、商品流通、经济发展、资讯传播等不可能在一个国家孤立进行下去，因此，商品的跨国自由流动逐渐成为发展的趋势。第三方认证的国际化已经成为客观需要，如果一个认证结果可以走遍全球，被国际普遍认可并接受，即只需要一次检验、一次检查、一次认证和一个标志就可以让国际上的用户和消费者都信赖此产品，那么相信所有的企业都会有这样的需求，这样的第三方认证的市场需求是毋庸置疑的。但是，第三方认证走遍全球并被国际普遍认可接受的前提就是该第三方认证机构必须走向世界将品牌信用传递到世界各地。

随着经济社会的发展，国际第三方认证行业的发展势头很好，第三方认证国际化的范围不断扩大，第三方认证的作用也在世界各地区得到普遍重视和强化。由于第三方认证所具有的功能，认证活动由贸易领域、技术领域越来越向更广泛的领域发展，如向环保、节能、低碳等领域发展就是第三方认证的一个很好的发展方向。第三方认证的范围也由单纯的工业产品的认证逐渐发展到服务和过程等各个领域的认证，认证体系逐渐完善、认证审核人员的职业素质越来越高。

根据国际经验，第三方认证的发展趋势是国际化和多边化。从国际趋势上来看，随着全球化的发展，各国逐渐有统一的认证认可的趋势，这对于整合资源是非常有利的，我国目前已经实行统一的国家认证认可制度，在这个基础上，我们要借第三方认证国际化的大势，不断地完善法律法规和认证标准，保证认证标准、认证指标和国际接轨，不断地提高认证机构的检测水平，多方面参与和开展国际互认，逐步促进我国认证机构和认证活动的国际化。因此，一方面，我国需要通过加强国际化的交流合作来实现更多的国际互认，提高我国第三方认证品牌的国际影响力，通过第三方认证的品牌影响力来争取国际话语权，从而为我国企业争取国际通行证、为我国企业公平的参与国际竞争创造条件，这个意义是极为巨大的。另一方面，我们需要充分发挥我国第三方认证对经济的引导作用，比如，在节能、环保和低碳等方面尽快推进我国的企业优化并进行升级。

6.7.2 我国第三方认证国际化的战略选择

相较于国内的认证机构，国际认证机构的明显特点是其检测的历史悠久、检测技术较专业、检测经验和认证经验丰富、具有非常权威的认证资质，具有非常高的国际知名度和美誉度。而且国际的认证机构有很多比较先进的理念和管理思想等优点值得我国国内的认证机构去学习，而现在国内的大部分认证机构资质较低、测试能力较弱、认证的经验不丰富，国内的认证机构品牌意识和知名度都不高，与国际方面的大型认证机构联系也不够密切。目前，第三方认证成为应对技术性贸易壁垒的重要手段、人身健康与环境安全亟待加强、国内外认证机构之间竞争激烈等现实问题也使得第三方认证国际化紧迫性凸显。

企业希望用较短的时间、以较低的费用来获取最权威的且能够被最大范围的市场所认可的第三方认证。通过上述对国际认证机构和国内认证机构特点的了解，我们意识到，我们可以把双方的优点结合起来进行认证，这样可以更好地服务企业、服务社会，并且帮助我国的认证机构提高国际知名度，提高出口企业的竞争力，为我国企业参与国际竞争保驾护航，使我国的产品可以畅通无阻地进入国际市场。首先，国内的认证机构需要通过技能测试、实验对比等方式来获得国际认证机构的授权，这样我国的出口产品就可以在国内本土进行测试，由国外的认证机构进行发证，这对于我国产品的出口是非常有利的。要想获得国外认证机构的授权，我们国内第三方认证就需要完善质量管理体系，能够达到国际机构的要求标准和齐全的配置仪器设备，从而具备各项检验能力，并开展第三方认证的国际合作。其次，要组织、建立一支具备国际认证知识、市场分析能力、业务开拓能力、管理沟通能力和较强外语能力的认证人才队伍。要不断完善认证管理流程，提高工作效率，尽可能地缩短认证周期和减少认证费用。

首先，要开展国际认证和合作需要充分了解国际认证的市场情况，分析市场行业的发展情况，并结合自身的基础，加强检测能力，扩大国内认证机构的认证知名度。开展认证国际合作需要一个全面详细的总体规划和设计方案，这是一个庞大的工程，对不同国家的不同客户提供的服务也不尽相同。从具体措施上讲，可以从以下六个方面考虑：

（1）尽量进行一体化服务，让企业能够节约可避免的认证成本和认证周期。

（2）认证的重点是针对大客户，从其终端客户入手，如委托方、经销商、卖场等，来取得他们的信任，让客户对认证机构进行指定，让采购商进行国际业务的开发。

（3）与各行业进行合作探讨，充分了解各行业的认证需要，并针对不同的行业展开不同的认证。

（4）对潜在客户要从客户公司起步阶段就开始跟踪服务，针对客户发展的不同时期提供不同的服务内容。

（5）研究国际认证动态，努力掌握其认证规则和认证检测能力要求；研究产品质量突发事件可能涉及对认证的检测要求。

（6）在认证机构认证能力达到一定程序时，可以和国外的政府部门合作来帮助他们国家建立完善的质量体系，并对其进行产品的质量检测。

由于发展中国家的市场经济体制不完善，技术相对落后，因而其第三方认证发展具有非同步发展的特点，主要体现在以下方面：一是技术标准与第三方认证非同步发展，技术标准发展滞后于第三方认证发展；二是认证与认可非同步发展，认证发展滞后于认可发展；三是第三方认证制度与认证市场非同步发展，市场发展滞后于制度发展；四是自愿性认证与强制性认证非同步发展，自愿性认证滞后于强制性认证发展；五是产品认证与体系认证非同步发展，产品认证滞后于体系认证发展。这种非同步发展的结构性矛盾，也造成了发展中国家的第三方认证国际化在各个方面的不平衡发展。

而发达国家在认证与认可、第三方认证与技术标准、第三方认证制度与市场、自愿性与强制性认证、产品认证与体系认证等方面都基本能同步协调发展，是第三方认证国际化的代表。第三方认证国际化由五个要素组成：第三方认证制度国际化、第三方认证管理国际化、第三方认证市场国际化、第三方认证机构国际化、第三方认证技术（能力）国际化。这五个要素存在相互制约和相互促进的关系，并且有一个从宏观到微观的递进关系，即第三方认证制度国际化→第三方认证管理国际化→第三方认证市场国际化→第三方认证机构国际化→第三方认证技术（能力）国际化。

因此，发展中国家的第三方认证国际化的发展战略可以遵循：通过第三方认证制度国际化推动第三方认证管理国际化，通过第三方认证制度国际化与第三方认证管理国际化推动第三方认证市场国际化，通过第三方认证市场国际化推动第三方认证机构国际化，通过第三方认证机构国际化推动第三方认证技术（能力）国际化，而技术（能力）则是一个第三方认证机构品牌信用的最终核心所在。

根据国际形势，国际化的第三方认证是发展的必然趋势，国际多边第三方认证的市场需求必然会加快我国建立统一的第三方认证标准。通过和国际知名度高的认证机构的合作，我们可以借鉴对方先进的知识和制度，更全面地了解国际上的认证标准、指标、规范以及检测手段，让国内的认证机构更快速地全面发展，这有利于我国培育第三方认证品牌。推动我国的第三方认证快速国际化，扩大我国第三方认证工作在国际上的影响，有利于培育出我国第三方的认证品牌。

第 7 章

总结及研究展望

7.1 本书总结

市场机制是以促进效率和提升质量为目标的，通过竞争来实现优胜劣汰，要发挥机制作用就需要消费者有能力去判断产品的"优""劣"。过去，经济发展水平和技术相对低下，判断优劣是很简单的问题，但信息差异即信息不对称是客观普遍存在的，消费者由于与生产者的隔离，以及时间、精力和知识等方面的原因，在信息的占有上很自然处于劣势的一方。市场上的很多信息，消费者是难以捕捉的，包括优质产品也不能像在完全竞争市场中被消费者按照效用最大化的原则来支付较高的价格，以致"好酒也怕巷子深"。

在信息不对称的情况下，企业会主动向消费者传递有关其产品质量及特征的信号。这个"信号"我们归结为品牌。作为经济学意义上的品牌概念是品牌这种专有信用符号通过把目标客户的购买意向转变为自己的优势，降低他们的选择成本并且与客户产生情感上的共鸣，同时，品牌能给企业带来丰厚的市场收益。品牌的存在其最根本意义在于能够提供有效的市场信号来降低消费者的选择成本、提高选择效率，普遍存在的信息不对称让品牌的存在显得必要且重要。品牌信用就是拥有品牌的相关企业或组织向消费者提供承诺并且在客观上履行承诺的行为和能力，即为品牌传递给消费者的一种信用。品牌还是一种符号，是一种有信用的标志，品牌信用意味着制造商和企业对消费者做出了一定程度上的承诺，并有能力履行该承诺。品牌使得消费者的购买行为有了依据，而品牌信用则可以保证消费者根据这个"依据"进行购买不会上当受骗，是选择成本最低、购买效率最高、购买效率最低的购买方式。

品牌就像一座架在企业和消费者之间的桥梁，沟通了买卖双方。为了降低购买风险、减少选择成本，消费者更倾向于购买品牌产品。消费者会将品牌看做企业的"身份证"，是企业对产品性能、质量和安全等方面的保证，这样在长期的购买过程中，消费者也习惯于把品牌和产品的内在属性、情感印象结合起来，让品牌能够成为传递产品信息的主渠道。品牌可以降低信息不对称所造成的影响，把企业的产品信息传递给消费者，让消费者对该"符号"产生信任，形成品牌信用，品牌信用既有利于企业的发展壮大和企业竞争力的提升，也有利于降低消费者的选择成本、提高其购买效率，节约社会资源，有助于建立社会信用体系。品牌是一种对生产者、消费者双方和整个社会都有利的"多赢模式"。

在信息不对称的大背景下，品牌的意义在于提供一个有效信号，让市场信息尽量充分和对称，节约消费者选择成本，从而促进市场交易的顺利进行。于是品牌成为众多优质企业的战略选择。信息不对称使得信用危机普遍存在，消费者需要的某些信息恰恰是企业想方设法隐瞒的。消费者"吃一堑长一智"的消费经验使得生产者与消费者之间存在严重的信任危机，生产者说的话消费者未必信，同时生产者说的话消费者也未必懂。信息不对称问题对品牌信用的构建产生了极大的影响。对于企业来说，仅凭买卖双方的诚信是远远不够的，充分利用权威的、可信赖的、公正的第三方认证来提高企业的内在素质和外在的可信度，从而提高品牌信用度，是一个能使企业档次快速提升，让产品打开销路甚至打入国际市场的好办法。对消费者来说，信息不对称加大了消费者的选择成本、降低了选择效率，消费者亟须某个信号或者符号作为选择的依据。

也就是说，由于信息不对称造成的信用危机，消费者未必会相信生产者自身发出的信号，这时可以由独立于市场交易双方且权威的第三方认证机构根据国家政策和行业标准对企业产品、生产过程和服务规范性进行合格评定，并出具相关的证明，消费者更倾向于相信"认证"的结果，于是，第三方认证由此产生。认证活动是市场经济发展的产物，它随着市场经济的发展而发展，在市场经济体制中，认证活动是通过第三方认证机构的介入来克服交易信息不对称的。第三方认证作为独立权威的第三方发出有效信号通过信用转移机制增强了品牌信用，增加了消费者剩余，增进了需求，同时实现了企业的经营目标。

认证认可起源于降低信息不对称，从而促进市场交易顺利进行的需要。通过信用转移机制我们得知消费者会因为信任某个第三方符号或信号而相信某个品牌，公正、权威的第三方认证的最大贡献亦在于提供了提高品牌信用的这样一种有效信号，降低了选择成本和提高了资源配置的效率，第三方认证成为产品品牌信用的重要组成部分。具体来说，第三方认证可以从源头上规范生产流程、提高产品质量、确保产品安全，从而有利于保护消费者的健康和安全、增强企业核心竞争力、规范市场秩序、加速商品流通、促进贸易发展、保障社会协调发展和信用体系的良性循环、维护国家利益。因此，第三方认证属于品牌建设的一个非常重要的环节，从而品牌经济学研究第三方认证也就成为必要。

随着市场经济的发展，我国第三方认证在不断完善，认证领域也在不断扩大，第三方认证正在覆盖着整个社会经济的各方面，在产品监督、国际贸易、司法鉴定、医疗、环境保护、地质、气象、科研、国防等和国民经济与社会发展密切相关的各领域行业内，发挥着越来越重要的作用。产品的认证结果正在逐渐被国家政府机关部门、行业企业部门、采购商和消费者所采用。认证认可已经成为整个国民经济和社会发展的重要组成部分，成为构建中国社会主义市场经济体制的"基础设施"。

在人类社会发展的过程中，经过多次博弈而达成的一系列契约的综合就是制度，制度可以保障市场交易的顺利进行。经济制度可以被理解为是一种节约交易成本和选择成本的方法，认证制度就是其中一种重要的经济制度。从 1903 年英国出现的第一个认证标志"风筝标志"到现在，认证已经发展了一个多世纪。随着市场规模及形式的不断扩大，新生了许多新的制度类型，在现代经济活动及交易中，认证制度的地位及角色显得越来越重要。目前，认证制度已经成为现代市场上一个非常重要的制度。消费者和生产者都可以通过认证制度获益，消费者可以根据产品的认证标志来选择想要的产品，生产者会主动要求进行认证来获得产品在消费者心中的信任。

随着我国市场经济的发展和世界经济全球化步伐的加快，第三方认证是必不可少的制度安排。然而，第三方认证在提供信号甄别机制和信号显示机制减轻信息不对称的同时，自身也存在着严重的信息不对称，如果第三方认证不能提供独立公允的鉴证，就会提供错误的信号误导消费者、扰乱市场秩序、扭曲社会资源配置，因此，这样的认证不仅仅是无效的，它还是有害的。

即有效的第三方认证才有其存在的必要，认证信用是认证的生命力所在，但是信用度普遍不高是目前我国第三方认证面临的主要矛盾和问题。我国第三方认证事业虽然具有了较快的发展速度，但是，认证质量却让人担忧，认证的信用问题已危及我国认证认可事业的长远发展。政企不分、监管不灵、认证机构的连带责任落实难以到位、制度漏洞、虚假认证、认证机构之间恶性竞争、认证审核人员素质参差不齐等问题都明显地存在于我国目前的认证行业中，这些问题牺牲了认证的信用和认证行业的整体形象和信誉度。这种整体形象和信誉度的下降也为个别企业无视认证的严肃性和权威性以致不经过认证直接盗用认证标志这种猖獗行为埋下了隐患。

另外，我们还利用有限样本调查数据和深度访谈案例针对消费者对第三方认证的相关态度和行为进行了深入分析，着重探讨了消费者对我国有机食品认证的认知、态度和支付意愿。在我国第三方认证已经渗透到经济生活的角角落落，第三方认证产品覆盖率极高的今天，本书的调查数据却显示：消费者对以有机食品认证为代表的第三方认证的认知度仍然相当低，对我国第三方认证的认可程度也不高，对我国第三方认证的支付意愿也很低。调查结果还显示认知程度与态度评价呈显著正相关，表明消费者对有机食品和第三方认证的了解水平越高，对有机食品和第三方认证就会有越多的积极正向的评价；认知程度与支付意愿亦呈显著正相关，表明消费者对有机食品和第三方认证的了解水平越高，购买意愿越强烈。这也就意味着若要提高消费者对有机食品和第三方认证的态度评价和支付意愿，加强消费者对第三方认证的正确认识是关键，而建立这个正确认识，除了要加强认证宣传力度和认证知识的普及力度外，第三方认证应树立正确的品牌形象、提高品牌信用则是根本出路。

无信用的第三方认证不仅无任何存在的价值，还会造成极大的社会危害。首先，这些不真实的信号或者符号会误导消费者，不仅不会降低消费者的选择成本，还会对消费者的选择造成困扰和错误暗示，甚至给消费者造成巨大的经济损失和严重的身心伤害。其次，无信用的认证会造成我国企业核心竞争力的丧失、我国政府公信力的沦陷和我们整个信用体系的坍塌，造成社会资源配置的扭曲和大量的资源浪费，因此，第三方认证信用的问题必须要加以解决。目前，我国第三方认证普遍不足的信用已经使得第三方认证已不能适应当前认证市场的发展，也不适应国际贸易交流的认证规则。由此，如何提高第三方认证的信用迫在眉睫。

本书基于信息不对称的大背景，用品牌经济学的分析框架，将认证信用置于分析的中心，深入剖析认证在什么条件下才是有效的。信用指的是对承诺的实现，信用包含的要素有：谁发出的承诺、就何种产品服务或过程发出的承诺、承诺了什么、如何保证该承诺得以实现。在此基础上我们提出了第三方认证的乘数信用模型，从认证机构、认证标准、认证对象三个方面分析认证本身的信用如何保证。而信息不对称也普遍存在于认证行业，因此，第三方认证的信用除了认证本身的信用得到保证外，这种承诺的实现还必须具备有效的监督，还要有代表百姓和消费者的传播媒体的监督和认可。认证本身有信用并且得到媒体的认可，这样的第三方认证才是有信用的、可靠的，这样的第三方认证才能真正转化成一种品牌符号。

也就是说，第三方认证实现其价值、发挥其职能是有条件的，这些条件就是保证第三方认证信用的要素。

（1）认证机构的信用。认证机构作为第三方认证"承诺"的发出方必须是有能力、讲诚信、独立的、权威的经济主体。如果承诺发出者本身存在问题，那么发出的承诺可以实现的可能性就大大降低了。提高准入门槛，等于是提高了对第三方认证机构的最低要求，从源头上提高了第三方认证机构的服务质量和承担能力。通过提高准入门槛和严格的审批程序是对认证市场的一个源头上的规范。源头如果有问题，则认证的信用则无从谈起。认证机构的独立性，是客观权威公正实施第三方认证的重要保证，也是提高监管信用的重要前提。审核员的选择也是影响认证信用的一个重要因素。

（2）认证标准的信用。完善认证标准体系，提供科学、准确的认证依据。认证标准作为第三方认证发出承诺的依据，其科学性和可操作性决定着该承诺的可信度。一个好的标准体系是能够最大程度上维护消费者生命和财产安全的。提高我国认证标准的科学性和可操作性，解决现有标准间重叠冲突的问题和标准过于陈旧、标准水平过低、检测手段落后、检测指标制定不科学的现状，对于提高我国第三方认证的品牌信用至关重要。我国认证标准和检测方面存在的问题直接损害了消费者利益并且从长远看制约和阻碍了我国的技术进步。

（3）认证对象的信用。我们还必须要明确一个事实：一个产品的质量从根本上说是制造出来的，不是检测出来的。因此，第三方认证对认证企业必须有所选择，认证的初衷特别是自愿性认证的出发点是把质量好的产品以认证信号的形式传递给消费者，从而提高选择效率和促进经济规范发展，如果每个企业都去做认证，那么认证也失去了本来的意义。并且认证机构给质量差的产品做认证的风险太大，建议认证机构慎重选择认证对象，认证企业实力越强、规模越大，第三方认证的信用越容易保证。

（4）传播媒体的监督。传播媒体的监督作用不容忽视，应该更大程度上利用传播媒体的监督权和话语权。监管和媒体来自不同的方面，如果说监管是来自官方，那么媒体的声音更多的是来自民间。一方面，各种媒体为了赢得更多的"眼球"，必须充分了解受众，吸引消费者。而消费者喜欢听"真话"，这几乎是现在所有媒体的共识。于是各种媒体也纷纷意识到，媒体宣传也要注重真实性，不应成为散布谣言的平台。因此，"百姓用媒体为自己说话"，让媒体起到监督的作用是切实可行的。另一方面，随着网络时代的到来，以微博、博客、贴吧和各种网络空间为代表的个体媒体得以突飞猛进的发展，个体媒体自由度更大，反映真实声音的力度更强，并且我国个体的公民意识也在日益建立，这都使得个体媒体在集合民愿、反映百姓心声方面的力量异乎强大。

亦即第三方认证的信用度取决于四个方面：认证机构、认证标准、认证对象、传播媒体的认可或监督。并且这四个方面中的任何一方面出现问题将导致第三方认证信用为零。认证机构的信用度 C_o、认证标准的信用度 C_s、认证企业的信用度 C_e 之间是存在乘数关系的，如果 C_o、C_s、C_e 均接近 1，则第三方认证本身信用 C_t 越接近 1，若认证机构的信用度 C_o、认证标准的信用度 C_s、认证企业的信用度 Ce 中的任何一项趋于 0，最终的第三方认证自身的信用度就会极低。一个信用度不高的认证机构很难做出一个可靠的承诺，无论承诺了什么或就哪个企业做出的承诺；一个信用度高的认证机构如果依据一个不甚科学的认证标准做出的认证自然也就无甚大的意义；一个信用度高的认证机构按照一个科学的标准体系对一个诚信度不高、无能力生产优质产品的企业做出的认证其信用自然也难以保证。

综上所述，本书认为，解决我国认证行业的"乱象"，使得我国的第三方认证能够最大程度地降低消费者的选择成本和市场交易成本，也就是使我国第三方认证具有品牌信用，能够由最初的"信号"功能发展为一种品牌"符号"，并且这个"符号"能够成为消费者不假思索选择购买的依据，且购买该"符号"产品的风险为最低，需要多方面的制度安排和现有制度的进一步完善。

作为认证主体的认证机构，必须要有其独立的法律地位，不偏不倚地开展认证工作，而不能与行政机关有太多瓜葛。只有政企分开，认证机构才能进行规范认证；只有加强认证监督机构的独立性，才能创造公平监管的环境，才能提高认证监督机构的监督信用。并且要通过确定连带责任，提高第三方认证的风险。具体措施有：制定和完善第三方认证连带责任的法律规定；提高对不规范认证机构和人员的惩罚力度；信息公开，设立赔偿基金制度；提高第三方认证机构的退出成本。延长认证机构经营期限，有利于认证机构责任承担和品牌建立；建议改革认证机构收费制度，打破原来整齐划一的简单收费制度，建立符合市场经济发展规律的科学、有效的收费制度，这对于提高第三方认证的有效性至关重要。

要通过技术进步，保证认证标准和检测手段的科学性。只有标准和指标正确，才能发挥第三方认证规范市场、引导经济发展的作用。拓展认证及相关机构的业务范围，促进机构壮大，力争形成结构合理的认证行业组织结构，培育几个具有较强国际竞争力的知名认证机构，能够充分发挥认证机构市场的主体作用，独立、客观、公正，形成具有较高国际声誉和权威性的国家认可机构。通过开展国际认证和国际合作，加快促进第三方认证的品牌建设，培育出我们国家的第三方认证品牌，通过第三方认证实现我国企业的国际话语权。我国第三方认证国际化的发展战略可以遵循：通过第三方认证制度国际化推动管理国际化，通过第三方认证制度国际化与第三方认证管理国际化推动第三方认证市场国际化，通过第三方认证市场国际化推动第三方认证机构国际化，通过第三方认证机构国际化推动第三方认证技术（能力）国际化，而第三方认证技术（能力）国际化则是一个第三方认证机构品牌信用的最终核心所在。另外，要充分发挥社会监督、行业协会监督和传播媒体的监督。通过外部力量监督提高第三方认证的品牌信用。

7.2　研究的不足

考虑到我国的认证质量体系开始的较晚，发展历程短暂，可借鉴的资料文献并不多，而且认证本身是一门非常大的跨行业、跨地区的学问，认证涉及的内容非常广泛，这制约着本书对认证更全面、更深一层的研究，主要体现在以下几个方面。

第一，本书中的部分问题存在缺乏深入且专业的研究，或者存在观点的片面性等问题。如对认证标准的研究，我们意识到了认证标准的高低、认证指标的设计和检测方法等因素对认证信用的影响，但是却无力证明不同行业的认证指标如何设计？认证标准如何制定以及科学的检测方法分别有哪些？希望自然科学领域对这些问题能够有更准确量化的确定。例如，关于第三方认证标准的制定，很大程度上是一个技术性的问题，针对某个产品，以牛奶为例，应该设计什么样的认证指标才是最科学、最合理的？之前的蛋白质检测指标的设定是否科学，这样的问题单纯从经济学的角度无法完全加以解决。有的产品和服务的第三方认证是设定一组指标的，如何测定一组指标的科学性？每个指标又都会设定一个取值区间，这个区间的取值范围的科学性如何检测？认证标准和认证指标以及指标设值的问题是第三方认证信用的核心因素之一，这是一个系统的工程，从"谁来制定"这些标准和这些标准指标如何确定，都是需要深入分析的课题。

第二，第三方认证属于第三方信用的范畴，而第三方信用是比第三方认证内涵大得多一个概念，那么各种代理机构和中介机构都在或多或少的起着第三方信用的功能，消费者会因为偏好某一个代理商而选择其代理销售的楼盘、商品或服务；部分消费者会通过其信任的某个人购买其所需的各种保险和理财产品；当我们求医时首选考虑的是医院还是医生，医院和医生各自承担的角色是什么，等等。笔者曾希望能够在更大的领域和内涵上展开更广泛的研究，这一点目前还没有实现。

第三，本书选取了从品牌经济学和信息经济学的角度来研究第三方的认证信用问题，虽然本书的框架非常有利于研究认证，却无法避免让一些其他角度的问题理论不能展现在本书中。还有就第三方认证活动本身的特点而言，第三方认证机构及其相关认证工作是在不断发展变化的，我们需要不断加强对认证规律的认识，对这个规律的总体把握是一项系统的工作，还需要更加深入的后续研究。

7.3 研究展望

第三方认证属于第三方信用的一种形式，除第三方认证外，第三方信用以各种中介机构或者其他形式普遍存在，第三方信用是比第三方认证更为宽泛的一个概念，而对整个第三方信用的研究来说，目前还是空白。比如，病人去医院看病，医生会开出很多病人不甚了解的药品让他们服用，大多数人会遵循医嘱对这些并不了解的药品进行"严格"服用，在这个过程中，医生就起到了一个第三方信用的作用，因为信任医生，从而对陌生的药品进行"不假思索"地服用。另外，还有现在很多家庭会需要各种家政服务，在寻找家政人员的时候，大多数的做法是去"阳光大姐"等中介机构进行登记，而不是随便私自找个人来家里做家务，价格可能高一点，但是图个"放心"，"阳光大姐"推荐的每个家政人员都是经过身份登记和专业培训的，若出了点什么问题直接找"阳光大姐"解决。也就是"阳光大姐"本身就有品牌信用，并且在家政人员和用户之间起到了桥梁作用——第三方信用的作用显示出来了。诸如这样的情况还有很多，企业年审时要求提供会计师事务所出具的各种财务报表，会计师事务所提供的就是一种第三方信用；很多大型企业委托猎头公司进行优秀人员的搜寻，其实猎头公司提供的也是一种第三方信用服务；还有诸如房产中介、各种培训机构以及劳务输出机构，等等。

第三方信用的目的在于维护社会的信用关系，降低交易成本，从而促进各种市场交易的顺利进行。权威、公正、独立、客观是第三方信用机构最基本的执业标准。因此，第三方信用机构对于市场是一把"双刃剑"，如果其行为规范、职能作用发挥得好，则社会信用关系就会得到好的维护，各种市场交易就能以较低的成本顺利地进行，否则第三方信用机构本身的职能就不能正常发挥，甚至会加大信息不对称，这样会造成消费者的选择成本大量增加、消费者其对市场和政府的信任度不断降低、市场萎缩混乱、社会信用体系坍塌。因此，第三方信用提供者的信用制度建设至关重要，我们以期能够对整个第三方信用行业的作用机理及其表现进行总结，对第三方信用提供者的失信行为及其原因进行剖析，对第三方信用提供者的制度建设进行深入探索。

附录：关于有机食品认证的消费者调查表

您好！

欢迎您参加我们承担的一项科研任务。为了保证研究的科学性，请您在回答问题时，注意以下几点：

1. 本问卷目的是了解消费者对产品认证现状的了解情况，测验数据将用于科学研究。

2. 答案没有"好、坏"与"对、错"之分，也不涉及对您的评价。

3. 此次测验以匿名的方式进行，我们将对您的数据保守秘密，请放心作答。

谢谢您的合作！

个人基本情况：

性别：（1）男　　（2）女　　年龄：＿＿＿＿＿＿岁

工作单位：

主要从事的工作：

（1）自家务农

（2）本地务工

（3）外出打工

（4）自办企业

（5）机关事业单位

（6）企业雇员

（7）家务劳动

（8）学生

（9）其他

教育层次：（1）初中　　（2）高中　　（3）中专　　（4）专科　　（5）本科　（6）研究生

家庭人均年收入状况：

（1）低于五千　　　　（2）五千到一万　　　　（3）一万到三万

（4）三万到十万　　　（5）十万以上

问题：

1. 您知道有机食品吗？（　　）（1）知道　　　　（2）不知道

2. 您认为的有机食品是（　　）（可多选）

（1）营养价值高　　　　（2）无污染、无公害　　　（3）纯天然

（4）保健品　　　　　　（5）其他

3. 以下关于第三方认证的选项，您认为正确的是（　　）（可多选）

（1）认证是由权威的第三方认证机构按照相关标准出具的证明

（2）第三方认证具有很强的权威性

（3）第三方认证角色应当由国家或政府的机关直接来担任

（4）第三方认证角色应当由独立法人的企业直接来担任

（5）通过第三方权威机构来核实企业，能够提高企业信用度，更能赢得客户信赖

4. 您知道有机食品是通过认证的吗？（　　）（1）知道　　（2）不知道

5. 您认识以下认证标志吗？并将认识的标志加以标识。（　　）

（1）都不认识　　　　（2）认识其中 1 个　　　（3）认识其中 2 个

（4）认识其中 3 个　　（5）认识其中 4 个　　　（6）全都认识

6. 无公害食品、绿色食品、有机食品三种认证哪一种认证的食品安全等级是最高的？（　　）

（1）无公害食品　　　（2）绿色食品　　　　（3）有机食品

（4）这三种的安全等级是一样的　　　　　　（5）不知道

7. 您还知道其他的第三方认证和相关认证标志？如知道，请写出相应的名称。_____

8. 您知道有哪些有机食品认证机构吗？如知道，请写出相应的名称。

_____

9. 您认为第三方认证有必要吗？（　　）

（1）完全没必要　　　（2）没必要　　　　　（3）不知道

（4）有必要　　　　　（5）非常有必要

10. 您担心食品卫生和食品安全问题吗？（　　）

（1）非常担忧　　　　　（2）比较担忧　　　　　　（3）一般

（4）不是很担忧　　　　（5）不担忧

11. 您认为第三方认证食品与普通食品之间是否有明显的区别？（　　　）

（1）很大　　　　　　　（2）有点大　　　　　　　（3）不大

（4）没差别

12. 假如您听说第三方认证机构是以营利为目的，您相信吗？（　　　）

（1）非常相信　　　　　（2）比较相信　　　　　　（3）一般

（4）不太相信　　　　　（5）完全不相信

13. 您觉得我国目前的第三方认证标签真实可信吗？（　　　）

（1）非常相信　　　　　（2）比较相信　　　　　　（3）一般

（4）不太相信　　　　　（5）完全不相信

14. 从总体上来说，第三方认证对消费者有利吗？（　　　）

（1）有利　　　　　　　（2）无差别　　　　　　　（3）没利

15. 在购物时是否会留意有无有机食品标志？（　　　）

（1）很留意　　　　　　（2）售货员在介绍时会了解一下

（3）未留意

16. 如果看到两组产品，一组有有机食品标志，另一组没有有机食品标志，您会如何选择？（　　　）

（1）毫不犹豫地买有机食品标志的一组

（2）买没有有机食品标志的一组

（3）买价格低的那一组

（4）倾向于买有机食品标志的那一组，但要看价格是不是在可接受的范围之内

17. 如果见到有有机食品认证标志的产品，却没有买，最有可能的原因是？（　　　）

（1）对有机认证不信任　　　　　（2）价格太高

（3）其他（请注明）

18. 您认为以下哪几种说法是正确的（　　　）（可多选）

（1）认证本身就是一种第三方担保

（2）几乎每一种认证都有多家认证机构

（3）认证都是收费的，所以会增加企业成本

（4）不同认证机构就同一认证标准做出的认证结果可能不一样

19. 您认为有机食品认证信用度（　　　）

（1）非常重要　　　　　（2）比较重要　　　　　　（3）一般

（4）不太重要　　　　　（5）一点不重要

20. 以下两种情况，您认为哪一种认证信用度更高？（   ）

（1）产品包装上只是显示有机认证标志

（2）产品包装上不仅显示有机认证标志，还有认证机构的名称

（3）产品包装上不仅显示有机认证标志，还有认证机构的名称和认证机构的具体联系方式

21. 当您买到有质量问题的产品时，通常做法是（   ）

（1）这次算了，下次不再买了

（2）找厂家赔偿

（3）找商场退换货

（4）找消费者协会等部门进行投诉

22. 如果认证机构承诺对产品的质量问题承担连带赔偿责任，这样的认证机构做出的认证，您认为（   ）

（1）信用度非常高　　　　（2）信用度较高　　　　　　（3）信用度一般

（4）信用度较低　　　　　（5）信用度非常低

23. 您愿意为有机食品标志的那一组产品支付较高的价格吗？（   ）

（1）非常愿意　　　　　　（2）比较愿意　　　　　　　（3）一般

（4）比较不愿意　　　　　（5）非常不愿意

24. 您愿意为有详细认证信息并且认证机构承诺连带赔偿的有机食品认证支付高于普通食品多少的价格支付？（   ）

（1）20%以下　　　　　　（2）20%～50%　　　　　　（3）50%～100%

（4）100%以上

25. 您愿意为通过有详细认证信息并且认证机构承诺连带赔偿的有关环保第三方认证的地板支付高于普通地板多少的价格支付？（   ）

（1）20%以下　　　　　　（2）20%～50%　　　　　　（3）50%～100%

（4）100%以上

26. 您愿意为通过有详细认证信息并且认证机构承诺连带赔偿的第三方认证的空调支付高于普通空调多少的价格支付？（   ）

（1）20%以下　　　　　　（2）20%～50%　　　　　　（3）50%～100%

（4）100%以上

参 考 文 献

［1］范小青：《信息不对称抑制需求探析》，载《经济师》2002 年第 9 期。

［2］罗顺源：《信息不对称与品牌经营》，载《商业研究》2004 年第 7 期。

［3］刘艳：《品牌对市场"信息不对称性"的影响机理》，载《科技管理研究》2008 年第 8 期。

［4］孙日瑶：《品牌经济学原理》，经济科学出版社 2007 年版。

［5］梁静：《品牌对信息不对称程度的影响分析》，浙江大学硕士论文，2006 年 5 月。

［6］王彦：《产品自愿认证的需求判断与价值发现》，载《质量与检测》2006 年第 11 期。

［7］程永明：《日本队产品安全的资源性认证制度分析》，载《对外经贸实务》2009 年第 3 期。

［8］高长城：《认证带来了什么》，载《认证天地》2009 年第 2 期。

［9］黄帅：《用自愿性认证提升产品品质》，载《进出口经理人》2008 年第 11 期。

［10］上海质量管理科学研究院：《认证认可对国民经济和社会发展的贡献研究》，中国标准出版社 2010 年版。

［11］金玉芳：《消费者品牌信任机制建立及影响因素的实证研究》，载《南开管理评论》2006 年第 5 期。

［12］东方人：《第三方认证的特殊作用》，载《创业与中介》2003 年第 11 期。

［13］刘华军：品牌信用及其经济学分析，载《山东经济》2006 年第 4 期。

［14］李豫：《创建有国际话语权的中国品牌信用评级机构》，载《金融研究》2010 年第 4 期。

［15］徐雷：《我国强制性产品认证管理研究》，上海交通大学硕士论文，2009 年 6 月。

［16］陈子彪：《开展国际认证和国际合作的思考》，载《福建质量技术监督》2011 年第 8 期。

［17］罗豪才、宋功德：《公域之治的转型》，载《中国法学》2005 年第 5 期。

［18］黄轶凡：《市场条件下的社会信用体系》，上海社会科学研究院博士论文，2009 年 5 月。

［19］朱晓莺：《第三方管理体系认证机构认证信用研究》（硕士论文），2007 年 9 月。

［20］杨辉：《企业体系认证有效性分析与对策》，载《经营管理》2011 年 6 月。

［21］王小林：《实施 ISO9000 过程中的有效性研究》，天津大学硕士论文，2004 年。

［22］孙丽娟：《加强获证后监督提高产品认证信用》，载《认证工作》2010 年第 6 期。

［23］刘崇德：《基于微观主体行为的认证制度研究》，华中农业大学博士论文，2007 年 6 月。

［24］樊根耀：《第三方认证制度及其作用机制研究》，载《生产力研究》2007 年第 2 期。

［25］邵征翌、林洪、孙志敏：《利用第三方认证提高水产品竞争力》，载《中国渔业经济》2012 年第 5 期。

［26］徐平平、王传娟：《行政监管采用第三方认证的探讨》，载《认证技术》2010 年第 10 期。

［27］熊小玲：《产品认证法律的制度研究》，重庆大学硕士论文，2007 年 4 月。

［28］卓云：《如何提高产品的认证信用》，载《世界标准化与质量管理》2008 年第 5 期。

［29］安贺新：《经济中介机构信用制度建设》，载《经济研究参考》2006 年第 6 期。

［30］胡佳：《我国认证行业存在的问题及其法律对策》，湖南大学硕士论文，2009 年 4 月。

［31］张锐：《第三方认证机构在我国的发展》，载《北方经济》2008 年第 4 期。

［32］徐福忠、蔡金煌：《如何保持认证信用》，载《质量信息》2010 年第 10 期。

［33］刘艳、胡元佳、卞鹰、王一涛：《建立中药市场第三方认证的意义》，载《华西药学杂志》2006 年第 2 期。

［34］顾丰国：《企业认证信用探索》，载《质量管理》2002 年第 11 期。

［35］杨辉：《企业体系认证信用研究及对策》，载《经营管理》2011 年第 6 期。

［36］张佳军：《我国产品认证及其规制研究》，西北大学硕士论文，2009 年 12 月。

［37］孙大伟：《我国质量认证体系运行机制研究》，哈尔滨工程大学硕士论

文，2005 年 4 月。

[38] 朱晓莹：《第三方管理体系认证机构认证有效性研究》，复旦大学硕士论文，2007 年 9 月。

[39] 国家质量监督检验检疫总局：《认证机构管理办法》，2017 年 7 月 20 日。

[40] 于明：《标准化——行业自律的重要依托》，载《中国电力企业管理》2007 年第 3 期。

[41] 韩涛：《认证行业自律与认证信用》，载《技术论文》2007 年第 9 期。

[42] 杨海燕、许家林：《企业社会责任报告第三方审验主要标准评述》，载《证券市场导报》2009 年第 12 期。

[43] 王新平、汪方军、万伟武、苏秦：《企业质量监管体系认证信用综述》，载《运作管理》2009 年第 6 期。

[44] 国家认证认可管理监督委员、会认证认可技术研究所：《认证认可发展战略研究报告》，中国标准出版社 2008 年版。

[45] 国家认证认可管理监督委员会、认证认可技术研究所：《认证认可国际化发展研究》，中国标准出版社 2009 年版。

[46] 孙曰瑶、宋宪华：《品牌工程学》，经济科学出版社 2011 年版。

[47] 王晓霞：《农业第三方认证的制度和经济学分析》，经济科学出版社 2011 年版。

[48] 成都三方电器有限公司：《中国产品质量问责制度研究》，中国计量出版社 2009 年版。

[49] 王海忠：《品牌杠杆——赢得品牌领导的资源整合战略》，人民邮电出版社 2009 年版。

[50] 国务院：《中华人民共和国认证认可条例》，2003 年 9 月。

[51] 认监委：《中国国家认证认可监督管理委员会公告》，2009 年第 16 号。

[52] 高国均：《第三方认证权的法律属性与基本特征——基于社会中间层主体理论的分析》，载《河北法学》2015 年第 11 期。

[53] 高国均：《经济法连带责任研究——以第三方认证机构"不实认证"规制为中心》，载《广东行政学院学报》2015 年第 3 期。

[54] 李军超：《基于第三方认证的社会性规制：一个合作治理的视角》，载《江西社会科学》2015 年第 7 期。

[55] 石艳宾、马国旺：《第三方认证协同控制食品安全作用的研究》，载《食品研究与开发》2017 年第 1 期。

[56] 廖迅：《食品研究与开发》，载《决策与信息》2017 年第 7 期。

[57] Grossman，S. J. The Information Role of Warranties and Private Disclosure

about Product Quality ［J］. *Journal of Law and Economics*, 1981 （24）.

［58］ Ann Terlaak, Andrew A. King, The Effect of Certification with the ISO 9000 Quality Management Standard: A Signaling Approach. *Journal of Economic Behavior & Organization*, Vol. 60 （2006） 579 – 602.

［59］ Prakash J. Singh, Damien Power, Sum Chee Chuong, A Resource Dependence Theory Perspective of ISO 9000 in Managing Organizational Environment. *Journal of Operations Management*, 29 （2011） 49 – 64.

［60］ F. J. Pe'rez Elortondo, M. Ojeda, Food Quality Certification: An Approach for the Development of Accredited Sensory Evaluation Methods. *Food Quality and Preference*, 18 （2007） 425 – 439.

［61］ Harvey Lapan, GianCarlo Moschini, Quality Certification Standards in Competitive Markets: When Consumers and Producers （dis） agree. *Economics Letters*, 104 （2009） 144 – 147.

［62］ David Ubilava, Kenneth Foster, Quality Certification vs. Product Traceability: Consumer Preferences for Informational Attributes of Pork in Georgia. *Food Policy*, 34 （2009） 305 – 310.

［63］ Javier Sanz Canada, Alfredo Macci'as Va' zquez, Quality Certification, Institutions and Innovation in Local Agro-food Systems: Protected Designations of Origin of Olive Oil in Spain. *Journal of Rural Studies*, 21 （2005） 475 – 486.

［64］ Marie – Christine Renard, Quality Certification, Regulation and Power in Fair Trade. *Journal of Rural Studies*, 21 （2005） 419 – 431.

［65］ Tufan Koc, The Impact of ISO 9000 Quality Management Systems on Manufacturing. *Journal of Materials Processing Technology*, 186 （2007） 207 – 213.

［66］ Patrik Soderholm, The Political Economy of International Green Certificate Markets. *Energy Policy*, 36 （2008） 51 – 62.

［67］ Juan Luis Nicolau, Ricardo Sellers, The Stock Market's Reaction to Quality Certification: Empirical Evidence from Spain, European. *Journal of Operational Research*, 142 （2002） 632 – 641.

［68］ V. Oikonomou, M. K. Patel, Voluntary Agreements With White Certificates for Energy Efficiency Improvement as a Hybrid Policy Instrument. *Energy Policy*, 37 （2009） 70 – 82.

［69］ Hongping Fan, Zhihua Ye, Agriculture and Food Quality and Safety Certification Agencies in four Chinese Cities. *Food Control*, 20 （2009） 627 – 630.

［70］ M. Makai, L. Pal, Best Estimate Method and Safety Analysis. *Reliability*

Engineering and System Safety, 91 (2006) 222 – 232.

［71］Iñaki Heras – Saizarbitoria, José F. Molina – Azorín, ISO 14001 Certification and Financial Performance: Selection-effect Versus Treatment-effect. *Journal of Cleaner Production*, 19 (2011) 1 – 12.

［72］George A. Christodoulakis, Emmanuel C. Mamatzakis, An Assessment of the EU Growth Forecasts under Asymmetric Preferences. *Journal of Forecasting J. Forecast*, 27 (2008), 483 – 492.

［73］C. Y. Cyrus Chua, Hung – Ken Chien, Asymmetric Information, Pretrial Negotiation and Optimal Decoupling. *International Review of Law and Economics*, 27 (2007) 312 – 329.

［74］Wayne Guay, Robert Verrecchia, Discussion of an Economic Framework for Conservative Accounting and Bushman and Piotroski. *Journal of Accounting and Economics*, 42 (2006) 149 – 165.

［75］Martin F. Grace, Richard D. Phillips, Regulator Performance, Regulatory Environment and Outcomes: An Examination of Insurance Regulator Career Incentiveson State Insurance Markets. *Journal of Banking & Finance*, 32 (2008) 116 – 133.

［76］Bibek Banerjee and Subir Bandyopadhyay, Advertising Competition under Consumer Inertia. *Marketing Science*, Vol. 22, No. 1 (Winter, 2003), pp. 131 – 144.

［77］Ioana Chioveanu, Advertising, Brand Loyalty and Pricing. *Games and Economic Behavior*, June 2008, pp. 68 – 80.

［78］Nelson, P. Information and Consumer Behavior. *Journal of Political Economy*, July 1970, pp. 199 – 205.

［79］Hsiu – Yuan, Tsao. , Brand as An Effective Signal of Product Quality where Information is Asymmetric. *Methods and Techniques in E – business Development*, May 2004, pp. 397 – 405.

［80］Tulin Erdem, Brand Credibility, Brand Consideration, and Choice. *Journal of Consumer Research*, June 2004, pp. 397 – 405.

［81］Hsiu – Yuan Tsao, Leyland F. Pitt, Pierre Berthon, An Experimental Study of Brand Signal Quality of Products in An Asymmetric Information Environment. *Journal of Consumer Behavior*, March 2006, pp. 397 – 405.

［82］Maureen Morrin, Jonathan Lee, Greg M. Allenby, Determinants of Trademark Dilution. *Journal of Consumer Research*, Vol. 33 September 2006, pp. 93 – 96.

［83］Alberto Cavaliere, Price Competition and Consumer Externalities in a Vertically Differentiated Duopoly with Information Disparities. *Journal of Economics*, Vol. 86 (2005), No. 1, pp. 29 – 64.

[84] Nickolay V. Moshkin and Ron Shachar, The Asymmetric Information Model of State Dependence. *Marketing Science*, Vol. 21, No. 4 (Autumn, 2002), pp. 435 – 45.

[85] Giovanni B. Ramello, Universit`a del Piemonte Orientale, What's in A Sign? Trademark Law and Economic Theory. *Journal of Economic Surveys*, Vol. 20, May 2012, pp. 75 – 81.

[86] Bing Jing, Product Differentiation under Imperfect Information: When does Offering a Lower Quality Pay? *Quant Market Economy*, Vol. 14, July 2007, pp. 35 – 61.

[87] Douglas W. Diamond, Financial Intermediation and delegated monitoring. *The Review of Economic Studies*, Vol. 51, No. 3 (Jul. , 1984), pp. 393 – 414

[88] Hart, Oliver; Moore, John (1999). "Foundations of Incomplete Contracts". *The Review of Economic Studies*, 66 (1): 115 – 138.

[89] Kahneman Daniel; Tversky Amos. "Prospect Theory: An Analysis of Decision under Risk". *Econometrica.* , February1979, Vol. 47, pp: 263 – 267.

后　　记

　　首先要感谢山东大学孙曰瑶教授，在孙教授的悉心指导和大力支持下，我进入品牌经济的殿堂并对品牌经济产生浓厚的兴趣。孙教授严谨的治学态度，精益求精的钻研精神，关心爱护学生的师长风范堪称我人生路上学习的典范。感谢山东大学于良春教授、侯风云教授、陈蔚教授、徐向艺教授，他们渊博的学识，充满激情的教风，严于律己宽以待人的处世原则和大家风范，以及他们作为师长对我的爱护，都让我终身受益且感激不已。感谢李大凯和曹琳同门，在感到迷茫时我们多次电话长谈互相鼓励，同时感谢他们对我学习和生活的关照。

　　感谢长江师范学院应用经济学的大力支持和培养，感谢李彬教授和我的同事们，他们的支持和鼓励让我体会到了朋友之间的温暖和认真做事的乐趣。感谢我的家人，感谢我的先生牟宗波替我分担了大部分的家务，感谢父母的陪伴，感谢妹妹、妹夫的鼎力支持，他们多年无条件的默默付出和无私的奉献我铭记在心，浓浓亲情，无以为报，唯愿他们健康、快乐！我愿意每天都看到他们的笑容！

　　最后，特别要感谢本书的责任编辑王娟女士，她的敬业鞭策我严谨治学，她的热情让我如沐春风，王娟女士为本书的出版付出了辛勤的劳动。此外，研究过程中，引用了大量文献资料，参阅了诸多作者的研究成果，这些资料和成果给我们提供了无限的启迪和有益的借鉴，在此表示最真挚的感谢！

于永娟

2018 年 3 月 20 日于长江师范学院